AVENTURES ET VOYAGES

DU

PETIT JONAS,

Pièce romantique, en trois actes,

PAR MM. SCRIBE ET DUPIN,

REPRÉSENTÉE POUR LA PREMIÈRE FOIS, A PARIS, SUR LE THÉÂTRE
DES NOUVEAUTÉS, LE 28 FÉVRIER 1829.

PARIS,

BEZOU, LIBRAIRE,

Éditeur du Théâtre de M. Scribe,

BOULEVARD SAINT-MARTIN, N° 29.

1829

AVENTURES ET VOYAGES

DU

PETIT JONAS.

THÉATRE

D'EUGÈNE SCRIBE.

Cette entreprise se poursuit avec activité, et son succès prouve aux éditeurs qu'ils ont bien connu le goût du public; c'est en effet une heureuse idée d'avoir réuni en corps d'ouvrage une série de petits chefs-d'œuvre qui tous ont obtenu sur nos différens théâtres le plus brillant succès.

Six volumes sont en vente; ils contiennent cinquante et une pièces parmi lesquelles se trouvent : *le Mariage de Raison, l'Héritière, Simple Histoire, une Visite à Bedlam, Michel et Christine, la Somnambule, la Mansarde des Artistes, la Demoiselle à Marier, le Charlatanisme, Frontin mari garçon, la Dame blanche, la Vieille*, etc., etc., etc. Le septième volume, qui paraîtra le 15 avril, contiendra : *Avant, Pendant et Après, l'Ambassadeur, le Confident, le Bon Papa, Coraly, le Menteur véridique, la Chatte métamorphosée en femme*, etc., etc., etc.

Les volumes suivans contiendront *Malvina, ou un Mariage d'inclination, le Diplomate, la Marraine, Valérie, le Mariage d'argent, Théobald, Madame de Saint-Agnès*, etc., etc.

PRIX DE CHAQUE VOLUME. . . . . . . 7 fr.

On souscrit :

CHEZ BEZOU, BOULEVARD SAINT-MARTIN, N° 29.
AIMÉ ANDRÉ, QUAI MALAQUAIS, N° 13.

AVENTURES ET VOYAGES

DU

PETIT JONAS,

Pièce romantique, en trois actes,

PAR MM. SCRIBE ET DUPIN,

REPRÉSENTÉE POUR LA PREMIÈRE FOIS, A PARIS, SUR LE THÉATRE
DES NOUVEAUTÉS, LE 28 FÉVRIER 1829.

PARIS.

BEZOU, LIBRAIRE,

Éditeur du Théâtre de M. Scribe,

BOULEVARD SAINT-MARTIN, N° 29.

1829.

PERSONNAGES.	ACTEURS.
LA MÈRE-GRAND.	Mlle DÉJAZET.
JONAS, son petit-fils.	M. BOUFFÉ.
GIANETTA, sœur de lait de Jonas.	Mme ALBERT.
FRÉTINO, leur voisin, fils d'un fermier.	{ M. PHILIPPE. { M. MATHIEU.
UNE BALEINE, personnage muet.	
LA RIVIÈRE DES GOBELINS.	Mme GÉNOT.
LA VÉRITÉ.	Mlle ADÈLE.
FLEUVES ET RIVIÈRES.	
CHOEUR DE CRÉANCIERS.	

La scène se passe dans le royaume de Naples, à Amalfi, près le golfe de Salerne.

———

MM. les directeurs de province peuvent réduire à peu de chose la dépense qu'exige la mise en scène du second acte; au lieu d'équiper comme à Paris une immense baleine qui ne peut se mouvoir que sur un théâtre machiné, il suffira de descendre sur le premier plan une toile représentant une baleine, et de pratiquer au milieu de cette toile une ouverture d'une dizaine de pieds par laquelle on apercevra les deux acteurs. A la fin de la scène 4 du second acte, ceux-ci descendront par une trappe pratiquée sous leurs pieds. La toile représentant la baleine s'enlèvera et laissera voir la grotte ou les jardins marins, décoration où rien n'est de rigueur, et qui est laissée au choix de MM. les directeurs.

Cette nouvelle manière aura un avantage, c'est de placer les acteurs sur le premier plan, et plus près du spectateur.

Imprimerie de E. DUVERGER, rue de Verneuil, n° 4.

AVENTURES ET VOYAGES

DU PETIT JONAS.

PIÈCE ROMANTIQUE EN TROIS ACTES.

~~~~~~

ACTE PREMIER.

Le théâtre représente l'intérieur de la chaumière de la mère-grand. Au lever du rideau, elle est à son rouet, et Jonas est de l'autre côté assis près d'une table.

———————

SCÈNE PREMIÈRE.

LA MÈRE-GRAND, JONAS.

LA MÈRE-GRAND.

Jonas..., Mon fils Jonas.... Je vous demande ce qu'il fait là...

JONAS.

Moi, ma mère-grand, je m'amuse à me désespérer.

LA MÈRE-GRAND.

Beau plaisir.

JONAS.

C'en est un comme un autre.... et quand on n'a que cela à faire, ça occupe.

LA MÈRE-GRAND.

Est-ce ainsi que nous sortirons de la misère où nous sommes ? au lieu de travailler, de prendre un état.

JONAS.

Travailler, prendre un état, c'est ce qu'ils disent tous; j'en avais un état, celui de millionnaire. J'y ai été élevé, j'y suis fait, c'est l'état de mon père, et je ne demande pas mieux que de le continuer; mais alors donnez-moi de quoi l'exercer.

LA MÈRE-GRAND.

Quand on a tout perdu! quand on a, comme toi, tout mangé!

JONAS.

N'allez-vous pas me faire croire que j'ai mangé ma fortune; je le voudrais bien, je serais plus gras que je ne suis. Par malheur, il y avait toujours tant de convives, que le dîner allait vite; et quand il a été fini, votre serviteur, je me suis trouvé devant une table vide, tout seul avec mon appétit qui est toujours le même: celui-là peut bien se vanter d'être le seul qui n'ait pas changé; mais les autres, mais les hommes, Dieu! les hommes! Je ne dis pas ça pour vous, ma mère-grand; les hommes, voyez-vous, je ne sais pas si ça vous fait cet effet-là, mais si vous les aviez toujours haïs autant que moi, je ne serais pas au monde, et c'est ce que je voudrais.

LA MÈRE-GRAND.

Et pourquoi te décourager ainsi? Ta fortune ne peut-elle pas revenir? Vois monsieur Jonas, ton grand-père, qui était Juif de naissance, et le plus honnête homme du monde.

AIR du vaud. du *Charlatanisme.*

De ses talens l'heureux emploi,
De bons intérêts usuraires
Doublaient ses fonds!

JONAS.

   C'est vrai, mais moi
Je n'ai pas l'esprit des affaires.

LA MÈRE-GRAND.

Bien connu pour sa bonne foi,
Il fut, après mainte traverse,
Après trois faillites, je crois,
Plus riche encor...

JONAS.

   C'est vrai, mais moi
Je n'ai pas l'esprit du commerce.

LA MÈRE-GRAND.

Tu n'en as d'aucune espèce!

JONAS.

A qui la faute ? à mes parens. Je suis venu au monde comme cela, c'est mon père qui l'a voulu ; car, pour ce qui est de l'esprit, il n'en manquait pas mon père, c'était un savant qui était toujours fourré dans les livres.

LA MÈRE-GRAND.

Il aimait à étudier celui-là, il n'était pas comme toi ; il quittait souvent le beau palais qu'il avait à Naples pour s'enfermer tout seul à Amalfi.

AIR : de *Marianne*.

Il venait dans cette chaumière,
Et loin des regards du public,
Il passait la journée entière
Sur ses creusets, son alambic.

JONAS.

La belle avance,
Par sa science,
Dans le quartier
Il passait pour sorcier,
Et son esprit trop inventif
A bien manqué le faire brûler vif :
Car on dit qu'il faisait, mon père,
Des prodiges...

LA MÈRE-GRAND.

J'aurais cru ça,
Si tu n'avais pas été là
Pour prouver le contraire.

JONAS.

Jusqu'à vous qui tombez sur moi, *tu quoque*, ma mère-grand !

LA MÈRE-GRAND.

Si je te parle ainsi, c'est pour ton bien, c'est pour t'apprendre à ne compter que sur toi et à ne plus compter sur tes amis.

JONAS.

Mes amis, je n'y tiens pas, je ne tiens à personne ; mais il y en a d'autres qui tiennent à moi.

LA MÈRE-GRAND.

Il serait possible ! et quels sont donc ces êtres généreux qui ne t'ont pas abandonné dans le malheur ?

JONAS.

Mes créanciers ; ils me sont plus attachés que jamais ; dans toutes les comédies que j'ai lues, j'ai toujours vu que c'était bon genre d'avoir des créanciers, et de les faire aller ; mais les miens ne vont pas, ou ils vont très mal, et nous avons tous les jours des disputes et des prises ensemble, des prises de corps.

LA MÈRE-GRAND.

O ciel !

JONAS.

Et ce matin ils doivent venir me chercher pour me mener en prison.

LA MÈRE-GRAND, *pleurant.*

Mon pauvre petit Jonas !

JONAS.

Voilà que vous pleurez, maintenant.

LA MÈRE-GRAND.

Oui, parce que je t'aime, et je vendrai plutôt tout ce que j'ai.

JONAS.

Vous n'avez plus rien.

LA MÈRE-GRAND.

Et mes dentelles ! et mes falbalas ! et ce portrait de moi que je t'avais donné, il faut le mettre en gage.

JONAS.

Je ne vous l'avais pas dit, ma mère-grand, mais voilà plus d'un mois que je l'ai perdu sans savoir comment.

LA MÈRE-GRAND.

Tous les malheurs à la fois ! un si joli portrait, où j'étais représentée en bergère, et à l'âge de quinze ans ! mais ça m'est égal, ça ne me décourage pas.

AIR : vaud. de *Partie carrée.*

Jamais, mon fils, dans ton destin funeste,
Ta mère-grand ne t'abandonnera.

JONAS.

Regardez donc, hélas ! ce qui vous reste !
Votre béquille...

LA MÈRE-GRAND.

Eh bien ! c'est toujours ça.
Oui, ta grand'mère aime trop sa famille
Pour délaisser son enfant malheureux.

(*Lui prenant le bras qu'elle met sur le sien*).

Viens t'appuyer sur moi, viens,... ma béquille
Nous soutiendra tous deux.

JONAS.

Ce n'est pas possible : vous ne pouvez pas m'accompagner en prison ; vous n'êtes pas comme moi, vous n'avez pas de dettes.

LA MÈRE-GRAND.

Eh bien ! j'en ferai.

JONAS.

O dévouement de la nature ! O sensibilité des grand' mères ! J'ai eu trop d'amis et pas assez de grand'mères. Si j'en avais eu seulement six comme celle-ci...

SCENE II.

LES PRÉCÉDENS, GIANETTA.

GIANETTA.

Monsieur Jonas, monsieur Jonas !

JONAS.

C'est Gianetta... ma sœur de lait.

LA MÈRE-GRAND.

En voilà encore une du moins qui ne nous a pas abandonnés, qui demeure avec nous... qui fait notre ménage.

JONAS.

Depuis que nous n'avons plus rien... nous partageons tout avec elle.

GIANETTA.

AIR : *J'en guette un petit de mon âge.*

C'était à moi d'être votre compagne.

JONAS.

Tous ces amis qui buvaient mon bon vin,
Tous ces amis qui sablaient mon champagne,
Ma cave vide, ont disparu soudain.
Toujours fidèle au nœud qui nous rassemble,
Ma sœur de lait est, dans son amitié,
La seule, hélas ! qui n'ait pas oublié
Le temps où nous buvions ensemble.

GIANETTA.

Grace au ciel, vous avez encore d'autres amis ! Vous savez bien, Frétino, le fils de votre ancien fermier... il revient de la ville où il a entendu dire qu'on devait vous arrêter aujourd'hui.

JONAS.

Qu'est-ce que je disais ?

GIANETTA.

Et il offre de vous cacher dans un souterrain qui est près d'ici et qui dépend de la ferme.

LA MÈRE-GRAND.

Dieu soit loué... j'ai toujours eu une inclination pour ce petit Frétino... un blondin qui a des yeux bleus magnifiques... comme ton grand-père.

JONAS.

Il s'agit bien de cela... Je vous demande, ma mère-grand, comment, à votre âge, vous faites encore attention à ces choses-là? Il est question de votre petit-fils... qui a besoin de vos conseils et de tout son courage.

LA MÈRE-GRAND.

Il faut commencer par te sauver.

JONAS.

J'y pensais.

GIANETTA.

Et moi, je ne crois pas. Pendant que nous causions avec Frétino, nous avons vu autour de la maison rôder des gens suspects. Il y en a deux, entre autres, qui se sont assis à la porte. Deux lazzaronis avec de mauvaises mines et des grosses cannes.

JONAS.

Les mauvaises mines, ça me serait égal... je n'y ferais pas attention... mais c'est le reste du signalement qui me paraît plus frappant.

GIANETTA.

Alors Frétino m'a dit : Que monsieur Jonas ne sorte pas... il y a moyen de le mettre en sûreté sans l'exposer.

JONAS, *vivement.*

C'est ce moyen-là qu'il faut prendre.

LA MÈRE-GRAND.

Tu as raison.

JONAS.

C'est justement celui que je cherchais depuis une heure...

LA MÈRE-GRAND.

Parle vite...

GIANETTA.

Frétino prétend que les souterrains qu'il connaît viennent de ce côté et touchent aux caves de la maison; de sorte qu'en pratiquant un trou dans le dernier mur, notre jeune maître s'évadera par là, se trouvera en sûreté, et pourra à volonté revenir auprès de vous.

LA MÈRE-GRAND.

C'est à merveille.

JONAS.

Le tout est de creuser la muraille... ça va me donner bien du mal.

LA MÈRE-GRAND.

Paresseux!

JONAS.

Je ne suis pas habitué à piocher... mais dès que ça vous fait plaisir... pour vous, ma mère-grand, qu'est-ce que je ne ferais pas?.. Adieu, Gianetta; ce nouveau service-là est encore à ajouter à tous les gages que tu nous a donnés de ton attachement... Sans compter que tu es si bonne et si jolie... que certainement... je te dirai le reste plus tard... je te le dirai... tu m'y feras penser!

(*Il sort.*)

SCENE III.

LA MÈRE-GRAND, GIANETTA.

GIANETTA.

Je ne lui demande rien... je suis assez payée s'il est heureux.

LA MÈRE-GRAND.

Va, Ganietta... tu es une bonne fille... Approche-moi ce fauteuil.

GIANETTA.

Oui, madame Jonas.

LA MÈRE-GRAND.

Il me semble que tu soupires.

GIANETTA.

Moi...

LA MÈRE-GRAND.

Oui, oui... tu as soupiré!.. Je m'y connais... je n'ai pas toujours eu quatre-vingt-cinq ans. Est-ce que tu aurais quelque chagrin... quelque amourette... conte-moi cela... nous autres, nous ne vivons que de souvenirs... ça nous rajeunit.

GIANETTA.

Vous pourriez penser...

LA MÈRE-GRAND.

Que tu as un amoureux... Dam! à ton âge c'est tout
naturel.

PREMIER COUPLET.

AIR : des *Voitures versées.*

Jadis à quinze ans,
Et cette époque est bien passée,
Jadis à quinze ans,
Je faisais des sermens *(bis)*
De fuir, hélas! tous les amans;
Mais la foule empressée
Admirait en tous lieux
Et ma taille élancée,
Et surtout mes beaux yeux.
Qu'elle a de beaux yeux !
Disaient-ils entre eux.
Et, si j'ai bonne souvenance,
Je crois que, malgré ma prudence,
Sensible à leurs vœux,
Je pris un amoureux, *(ter.)*
Je crois même en avoir eu deux.

DEUXIÈME COUPLET.

Le premier, dit-on,
Était fat et s'aimait lui-même;
Et pour le second,
Hélas! le pauvre garçon,
Je l'eusse aimé tout de bon,
Sans une autre inclination.
J'aimai donc le troisième
Qui me fut inconstant,
Et, pour le quatrième,
Il en fit tout autant.
Oui, chère enfant,
Tous en font autant. *(ter.)*
Ce fut alors que, prude et sage,
Blâmant les erreurs du jeune âge,
Mon cœur fut guéri.
C'est alors, dieu merci,
Que mon cœur fut guéri, *(bis.)*
Et que j'épousai mon mari.

GIANETTA.

Pour moi, madame Jonas, je n'en ai qu'un, et je n'en
aurai jamais d'autre.

LA MÈRE-GRAND.

Tu as raison, mon enfant, c'est ce qu'on dit toujours...
Mais, quel est-il? Je le connais, n'est-il pas vrai? Tu
rougis... je sais qui.

GIANETTA.

Ah! mon dieu!

LA MÈRE-GRAND.

C'est ce petit Frétino, notre voisin.

GIANETTA.

Non vraiment... vous ne pensez qu'à lui.

LA MÈRE-GRAND.

C'est qu'il me semble qu'à ta place, c'est lui que j'aurais choisi.

GIANETTA.

Je n'ai pas choisi; c'est venu tout seul depuis que je
me connais.

LA MÈRE-GRAND.

Et il t'aime aussi.

GIANETTA.

Je ne crois pas! Je ne suis qu'une pauvre fille, et lui
est tellement au-dessus de moi....

LA MÈRE-GRAND.

C'est un grand seigneur.

GIANETTA, *vivement.*

Oui, madame Jonas... un grand seigneur.

LA MÈRE-GRAND.

J'en ai connu de bien aimables.

GIANETTA.

C'est-à-dire... c'était... car il ne l'est plus.

LA MÈRE-GRAND.

Est-ce que c'est possible... est-ce que du jour au len-
demain on peut cesser d'être noble!

GIANETTA.

Dam! on dit que ça vient souvent comme cela... ça
peut bien s'en aller de même! Et dans ce moment, nous
avons autant l'un que l'autre.

LA MÈRE-GRAND.

Alors, si vous êtes égaux, tu peux bien lui dire que tu
l'aimes.

GIANETTA.

Je n'oserais jamais.

LA MÈRE-GRAND.

Veux-tu que je m'en charge?

GIANETTA.

Peut-être bien !... mais attendons.

LA MÈRE-GRAND.

Attendre pour être heureuse !

AIR : *Amis, voici la riante semaine.*

On a si peu le temps d'être jolie,
Et ce temps-là pour nous ne revient plus !
J'ai bien usé du printemps de ma vie,
Et je regrette encor des jours perdus !
Si les attraits, la jeunesse et la grace
Duraient toujours à ne pas en jouir ;
Mais qu'on en use ou non, tout cela passe ;
Le plus qu'on peut il faut donc s'en servir.

Ainsi voyons, mon enfant, parle franchement, dis-
moi son nom.

GIANETTA.

Eh bien, madame Jonas, puisque vous le voulez....

SCENE IV.

LES PRÉCÉDENS, JONAS.

JONAS, *tenant d'une main une pioche, et de l'autre*
un parchemin.

Ma mère-grand, ma mère-grand ! ma petite Jeannette,
embrasse-moi, et réjouissez-vous.

LA MÈRE-GRAND.

Qu'est-ce donc ?

JONAS.

Nous sommes plus riches que jamais.

GIANETTA.

O ciel !...

JONAS.

Vous aviez raison, ma mère-grand... ce que c'est que
de piocher !... Tout à l'heure, dans cette cave, après
avoir renversé des moellons... j'ai trouvé...

LA MÈRE-GRAND.

Un trésor ?

JONAS.

Non, un souterrain, où je suis entré... un immense
souterrain.

GIANETTA.

Et vous n'avez pas eu peur?

JONAS.

Il y avait de la lumière... des escarboucles qui éclairaient cela comme en plein midi, et j'ai aperçu au beau milieu, rangés circulairement, cinq piédestaux en porphyre; sur le premier, il y avait une statue en argent; sur le second, une statue en or; sur le troisième, une statue en rubis et en émeraudes.

LA MÈRE-GRAND.

Dieu, que de richesses!

JONAS.

Et pas des petites statues, pas des nabotes, toutes bien fortes, bien grandes, bien proportionnées... enfin de ma taille... Et ce n'est rien encore... sur le quatrième, c'est là où nous en étions... sur le quatrième piédestal était une statue en diamans... et enfin, sur le cinquième... sur celui du milieu... rien du tout....

LA MÈRE-GRAND.

Comment, rien?

JONAS.

Rien, qu'un rouleau de parchemin que voici... et que je vous apporte toujours courant, tant je suis content... malgré un accident qui m'est arrivé.

GIANETTA.

Lequel?

JONAS.

Je vous le dirai plus tard.... Lisons toujours.

LA MÈRE-GRAND.

C'est l'écriture de ton père... et mes lunettes... mes lunettes, où sont-elles?

GIANETTA.

Les voici... madame Jonas.

JONAS.

Eh bien! Gianetta... eh bien! ma sœur de lait, vous pleurez....

GIANETTA.

C'est de plaisir, monsieur Jonas; je suis si contente de vous voir tant de richesses!

JONAS.

Oui, mais cette fois-ci... j'en ferai un meilleur usage... et j'ai des idées, ma petite Gianetta... car c'est étonnant comme la fortune vous redonne des idées.

LA MÈRE-GRAND.

Veux-tu te taire.

JONAS.

Oui, ma mère-grand... je vous écoute, vous et mon père.

LA MÈRE-GRAND, *lisant.*

« J'ai amassé ce trésor pour mon fils Jonas, me dou-
« tant bien qu'avec son naturel facile, il aurait bien
« vite mangé la fortune que je lui laissais, et que s'il
« était obligé, avec son esprit, de s'en refaire une secon-
« de, il courrait risque de mourir de faim. »

JONAS, *s'essuyant les yeux.*

Quel bon père!

LA MÈRE-GRAND.

Comme il te connaissait ! (*continuant à lire.*) « Mais
« il ne pourra jouir de ces immenses richesses que quand
« il aura trouvé et placé sur ce piédestal une cinquième
« statue, plus précieuse à elle seule que les quatre au-
« tres ensemble. Telle est ma volonté dernière et im-
« muable ! »

JONAS.

Ah ! mon Dieu ! Où veut-il que je trouve un pareil
trésor!

GIANETTA, *avec joie.*

C'est impossible. (*se reprenant.*) Je veux dire qu'il
n'y a pas moyen, et que c'est sans doute une énigme.

JONAS.

Et moi qui n'ai jamais pu en deviner une... Je vous
demande comment mon père, qui me connaissait si bien,
a été s'aviser.... Moi d'abord pour tout ce qui sent les
énigmes et les devinottes, je n'y suis plus... ça m'embrouille... dites donc, ma mère-grand... y êtes-vous ?..
Est-ce que vous comprenez?...

LA MÈRE-GRAND.

Peut-être bien.

JONAS.

Eh bien, qu'est-ce que vous feriez à ma place ?

LA MÈRE-GRAND.

Je prendrais d'abord les quatre premières, et la cinquième viendra plus tard... quand elle pourra....

JONAS.

Oui-dà... vous croyez qu'on en approche comme on
veut... Imaginez-vous que quand on veut en toucher une,
son poing va tout seul, et son pied aussi... c'est une
mécanique.

AIR : *A soixante ans.*

Sans redouter aucune catastrophe,
J'y mets la main, et la sienne à l'instant
Sur cette joue applique une apostrophe ;
 Je me retourne vivement,
 Et crac, voilà que lestement
 Ailleurs encor j'en reçois une ;
Mais ce n'est rien : maint autre que je voi
En philosophe en reçoit plus que moi ;
Car on prétend que pour faire fortune
Il ne faut pas regarder derrière soi.

GIANETTA.

Comment, monsieur Jonas, vous en avez reçu ?

JONAS , *se tenant la joue.*

Oui, de celle en or ; jugez si ç'avait été celle de diamant (*se tenant la joue.*) ; aussi dans ce moment je ne tiens pas beaucoup à l'or.

GIANETTA.

Vous avez bien raison.

LA MÈRE-GRAND.

C'est la source de tous les maux.

JONAS.

Surtout des maux de dents ! Mais c'est égal, je n'en démordrai pas, et ça ne m'empêchera pas de partir.

GIANETTA.

Partir ! et où donc ?

JONAS.

Au bout du monde, s'il le faut, par terre et par mer, jusqu'à ce que j'aie trouvé ma cinquième statue ; il n'y a pas d'autre moyen de la rencontrer.

LA MÈRE-GRAND.

Y penses-tu ? t'en aller ainsi ?

JONAS.

J'ai toujours eu envie de voyager.

LA MÈRE-GRAND.

Toi qui n'es jamais sorti de chez nous, qui ne sais pas ce que c'est que les voyages.

JONAS.

J'en ai tant lu, je ne lisais que cela presque ; je sais par cœur ceux de M. Gulliver ; un fameux voyageur celui-là ! Et jugez donc quel avantage quand le soir, au coin du feu, je vous raconterai des aventures à vous faire dresser les cheveux sur la tête. Voilà le plaisir des voyages.

3

GIANETTA.

Et s'il vous arrive des malheurs ?

JONAS.

Puisque je le dis que c'est un voyage d'agrément.

AIR : *Voulant par ses œuvres complètes.*

Afin de trouver ma statue,
En amateur je veux courir.
Dans quelque contrée inconnue
J'espère bien la découvrir.
Et si je n'en rencontre aucune,
Mes voyages et mes écrits
Suffiront pour que mon pays
A mon retour m'en élève une.

Et c'est peut-être cela que mon père avait dans l'idée.
Ainsi, ma mère-grand, faites-moi le plaisir d'arranger
mon paquet ; et toi, Gianetta, vas au port me retenir une
place dans le bateau à vapeur.

GIANETTA.

Si encore vous aviez quelqu'un avec vous ?

JONAS.

Ça me regarde.

AIR : *Il faut partir, ô peine extrême* (du Tableau parlant).

LA MÈRE-GRAND.

Il veut partir, ô peine extrême !
Quitter ainsi ce fils que j'aime ;
Combien je prévois de malheurs !
Je sens, hélas ! couler mes pleurs.

GIANETTA.

Il va partir, ô peine extrême,
Quitter ainsi tout ce que j'aime,
Ah ! plus d'espoir ni de bonheur !
J'en mourrai, je crois, de douleur.

JONAS.

Pour résister qu'il faut de cœur !
Non, plus d'alarmes,
Séchez vos larmes.
Je pars, mais pour votre bonheur !

(*Les deux femmes sortent.*)

SCENE V.

JONAS, *seul.*

Terreur de femmes! visions chimériques! Que me voulez-vous? si on faisait attention à cela, on ne sortirait jamais de chez soi. Comment Christophe Colomb a-t-il découvert l'Amérique? Il l'a découverte en la cherchant; il cherchait sa quatrième partie du monde, comme moi je cherche ma cinquième statue; et il a trouvé des richesses, et j'en trouverai aussi; il est vrai qu'il avait des compagnons, et que je n'en ai pas.

SCENE VI.

JONAS, FRÉTINO.

FRÉTINO, *entrouvrant la porte.*
Monsieur Jonas!
JONAS.
Qui vient là? c'est Frétino, notre voisin.
FRÉTINO.
Je viens vous dire qu'ils n'y sont plus pour le moment.
JONAS.
Qui donc?
FRÉTINO.
Ces lazzaronis qui vous guettaient. Gianetta m'avait mis en sentinelle pour vous avertir.
JONAS.
Cette pauvre fille, elle pense à tout.
FRÉTINO.
Et vous pouvez sortir sans crainte.
JONAS.
Je te remercie; mais ça m'est égal, parce que maintenant je suis riche.
FRÉTINO.
Il serait possible!
JONAS.
C'est-à-dire je ne jouis pas encore de ma fortune,

mais ça viendra, au retour d'un voyage que je vais entreprendre. (*le regardant.*) Ah ! mon Dieu ! voilà mon affaire.

FRÉTINO.

Qu'est-ce donc ?

JONAS.

Est-ce que tu aimerais les voyages, toi, Frétino ?

FRÉTINO.

Les voyages ?

JONAS.

Oui, tu m'as l'air d'un gaillard entreprenant, qui ne demande qu'à voir du pays.

FRÉTINO.

Ma foi non ; car lorsque je perds de vue le clocher du village, ça me fait un effet....

JONAS.

Justement l'émotion des voyages. Que sera-ce donc quand tu verras des régions inconnues, des montagnes de neige, des rochers de cristal ; quand tu verras, comme M. Gulliver, dont je te raconterai les aventures, des royaumes suspendus, où tout le monde tient des discours en l'air, et des chevaux qui parlent raison en mangeant de l'avoine, et des femmes hautes comme des cloches, et des milliers d'hommes pas plus hauts que ta cheville, parmi lesquels tu seras un grand homme tout à ton aise ?

FRÉTINO.

C'est-il possible ? est-ce bien loin ?

JONAS.

Pas extrêmement ; avec de bons chevaux, une bonne voiture, et surtout un postillon qui sache le chemin, c'est l'essentiel, on est bien vite arrivé et d'une manière fort agréable.

FRÉTINO.

J'aimerais assez cela ; mais ce que j'aimerais encore mieux, c'est de revenir.

JONAS.

Et tu as bien raison ; le plaisir du retour, il n'y a rien de pareil, et c'est justement pour cela qu'il faut partir. Quel bonheur de raconter ce qu'on a vu ; et je vais même plus loin, j'admets qu'on n'ait rien vu ; qu'est-ce qui nous empêche... surtout quand on est là, dans un bon fauteuil auprès de la cheminée, et entouré de jo-

bards qui n'y voient que du feu? Ainsi, mon cher Frétino,
tu n'as plus d'objection à faire, et je te vois décidé.

FRÉTINO.

A rester ici.

JONAS.

Y penses-tu?

FRÉTINO.

Je ne demanderais peut-être pas mieux que de vous
suivre, sans une raison qui me retient, c'est que je suis
amoureux.

JONAS.

Toi!

FRÉTINO.

AIR : de *la Robe et les bottes*.

Mais amoureux comme une bête.
Depuis qu'ça m'trotte dans l'esprit,
Depuis qu'ça m'a tourné la tête,
J'n'ai plus d'sommeil ni d'appétit!
Et nuit et jour, dans ma douleur profonde,
J'bats la campagne et n'sais plus où j'en suis.
J'n'ai pas besoin d'aller courir le monde,
L'amour déjà m'fait voir assez d'pays.

JONAS.

La personne est donc de ce village?

FRÉTINO.

Je n'en sais rien.

JONAS.

Et où l'as tu vue?

FRÉTINO.

Nulle part.

JONAS.

Au moins tu la connais?

FRÉTINO.

Pas le moins du monde.

JONAS.

Que diable me chantes-tu là, et comment cela t'est-il
venu?

FRÉTINO.

Un soir que je me promenais près d'ici, dans les vi-
gnes, je l'ai rencontrée sous mes pieds.

JONAS.

Qui donc?

FRÉTINO.

Cette passion que j'ai là dans ma poche... ce portrait
où il y a une si jolie figure que je n'ai jamais rien vu de
pareil, et qu'à force de le regarder, j'en perdrai la raison, car personne n'a pu me dire quel était l'original.

JONAS.

Je serai peut-être plus heureux.

FRÉTINO.

C'est que je n'aime pas trop qu'on la regarde, surtout
un beau monsieur comme vous.

JONAS.

Tu es jaloux, Frétino, et tu as tort... Il n'y a aucun in-
convénient à ce que je le voie... Si elle me voyait, c'est
différent...... je ne dis pas. (*Regardant le portrait.*)
O ciel!....

AIR : *Gai coco.*

Que vois-je, ma grand-mère !
Eh quoi ! le téméraire
Veut être mon grand-père !
Ah ! si je m'en croyais...
Mais l'honneur de ma mère
M'ordonne de me taire.

FRÉTINO.

De c'te jeune bergère
Vous connaissez les traits ?

JONAS.

Oui, je crois la connaître.

FRÉTINO.

Où courir, mon cher maître,
Pour trouver tant de charmes ?

JONAS.

Modère tes alarmes,
Il faudrait pour céci
Bien courir, dieu merci,
Car ce sont des charmes
Qui sont loin d'ici.

FRÉTINO.

C'est égal, j'y vais toujours, droit devant moi.

JONAS, *à part.*

Droit devant lui... ce ne serait pas le moyen.... ce
serait plutôt à reculons. (*haut.*) Mais n'importe, je t'em-
mène, tu ne me quitteras plus, nous partirons ensemble.

FRÉTINO.

C'est dit !

JONAS.

Je t'aiderai dans tes recherches, tu m'aideras dans les miennes. J'ai besoin d'un confident, d'un compagnon, d'un ami qui batte mes habits et qui cire mes bottes.

FRÉTINO.

Un instant, je ne veux pas être votre domestique, je suis le fils d'un fermier ; je suis fier ; et puis, je suis amoureux.

JONAS.

Calme-toi ! qu'est-ce qui fait la domesticité ? ce sont les gages ; eh bien ! tu n'en auras pas.

AIR du vaud. de *Partie et revanche.*

Pour toi l'argent est une injure,
J'approuve de tels sentimens ;
Tu n'auras rien, je te le jure,
Et je tiendrai tous mes sermens.
Voilà ma dépense arrêtée,
Tout est réglé, tu me suivras ;
En grand seigneur ma maison est montée,
Car j'ai des gens et ne les paierai pas.

FRÉTINO.

C'est convenu... mais puisque nous sommes amis et que vous êtes riche, je vous demanderai seulement de me prêter...

JONAS.

Avec plaisir... mais dans ce moment je suis un riche malaisé... j'ai bien de l'argent.... mais de l'argent qui dort.

FRÉTINO.

Vraiment ?

JONAS.

J'ai même de l'or... mais je ne veux pas y toucher (*se tâtant la joue.*), pour des raisons à moi connues... Toi, c'est différent, je ne t'empêche pas ; et si tu veux te présenter à la caisse, tu seras toujours sûr de recevoir quelque chose.

FRÉTINO.

Je vous remercie.

JONAS.

Il n'y a pas de quoi.. Mais voilà Jeannette et ma mère-grand qui viennent nous faire leurs adieux.

SCENE VII.

les précédens, **LA MÈRE-GRAND, GIANETTA.**

LA MÈRE-GRAND.

C'est donc un parti pris... rien ne peut te retenir ?

JONAS.

Non, ma mère-grand; et voilà Frétino, notre voisin, qui consent à m'accompagner.

LA MÈRE-GRAND.

Ce cher Frétino, s'exposer ainsi... J'avais bien raison ce matin... quand je te parlais de l'inclination que j'avais pour lui... car j'en ai toujours eu...

FRÉTINO.

Vous êtes bien bonne, madame Jonas...

JONAS, *à part.*

Est-ce que ma grand-mère se douterait de quelque chose... elle le regarde sans lunettes et d'un air... en tout cas, il est toujours plus prudent de les éloigner.

GIANETTA.

Tenez, monsieur Jonas, voilà votre paquet... que j'ai arrangé moi-même, et votre place est retenue sur le bateau à vapeur.

JONAS.

Et le signal du départ.....

GIANETTA.

On avertira les passagers comme à l'ordinaire par un roulement de tambour,

JONAS.

Pauvre petite Jeannette!... elle a bien du chagrin...

LA MÈRE-GRAND, *à demi-voix.*

Et de toutes les manières... car cette pauvre enfant a une passion dans le cœur.

JONAS.

Vraiment ? (*à part.*) Moi qui avais des idées. Raison de plus pour partir moi et mes idées. (*haut.*) Et connaît-on l'objet ?..

LA MÈRE-GRAND.

Elle n'a pas voulu me le dire.

JONAS.

Ils sont donc tous amoureux, dans cette maison-ci...

(*froidement.*) Adieu, mademoiselle Gianetta; je désire,
à mon retour, vous trouver heureuse... moi je pars pour
le tour du monde, et si vous avez quelques commissions
à me donner pour ce pays-là...

GIANETTA.

Je ne vous demande, moi, que de bien prendre garde
à vous... de ne pas vous exposer, de ne pas être malade...
et surtout de ne pas voyager par terre à cause des assas-
sins et des brigands.

LA MÈRE-GRAND.

Et moi je ne veux pas qu'il voyage par mer à cause des
naufrages... Il y a un vaisseau qui a manqué périr avant-
hier, parce qu'il a rencontré à quelques lieues d'ici une
immense baleine, qui d'un coup de sa queue a manqué
le faire chavirer.

JONAS.

Des baleines... nous nous en moquons bien; et si nous
en rencontrons nous les pêcherons à la ligne... n'est-ce
pas, Frétino... Allons partons. (*regardant Gianetta.*) Je
voudrais maintenant être déjà loin d'ici.

FINALE.

JONAS.

AIR : *Entendez-vous, c'est le tambour* (de la Fiancée.)

Ma mère-grand, c'est le tambour;
Chacun s'embarque, voici l'heure,
Vous l'entendez, c'est le tambour.
Frétino, quittons ce séjour.

LA MÈRE-GRAND.

Quoi! tu pars, tu quittes ainsi ta demeure?
Mon enfant, mon enfant, reste encore un jour.

JONAS ET LE CHŒUR.

Entendez-vous, c'est le tambour.

GIANETTA.

Vous quittez donc notre séjour?

LA MÈRE-GRAND.

Mes chers enfans, prenez bien garde!

FRÉTINO.

Nous reviendrons, n'ayez pas peur.

JONAS.

Ah! comm' ma mère-grand le regarde,
Il faut partir, allons, du cœur.
Frétino, vite à l'avant-garde.

FRÉTINO.

Qu'il est cruel! et quel malheur
D'être amoureux et voyageur!

4

JONAS.

Tout nous seconde,
Au bout du monde
On nous attend, doublons le pas.
La route est belle,
Plutus m'appelle,
Visitons ses riches climats.

TOUS.

Tout les seconde,
Au bout du monde
On vous attend, doublez le pas.
La route est belle,
On vous appelle,
Visitez ces riches climats.

JONAS.

Mère-grand, embrassons-nous bien vite.

(*Froidement à Gianetta.*)

Adieu, mam'zell', je vous quitte.

LA MÈRE-GRAND.

Embrasse la pauvre petite,
C'est bien le moins dans un tel jour.

FRÉTINO.

Puisqu'il paraît que c'est l'usage,
Quand on se met en voyage,

(*S'avançant pour embrasser la mère-grand.*)

Madam' Jonas, à mon tour.

JONAS.

Non, mon cher, et pour cause
A cet adieu là je m'oppose.

FRÉTINO.

Monsieur Jonas, pourquoi donc?..

JONAS.

Tu m'en demandes la raison?
N'entends-tu pas, c'est le tambour,
Chacun s'embarque, etc.

TOUS.

Entendez-vous, c'est le tambour,
Chacun s'embarque, etc.

(*Jonas et Frétino sortent.*)

FIN DU PREMIER ACTE.

ACTE DEUXIÈME.

Le théâtre représente la pleine mer. On n'aperçoit d'abord que des vagues ; puis, au fond de l'horizon, on distingue à la surface des flots un point noir qui s'avance lentement et augmente à vue d'œil. On distingue enfin une énorme baleine qui arrive jusqu'au dernier plan du théâtre, en face des spectateurs : elle est en travers ; sa queue, que l'on ne voit point, est dans la coulisse à droite ; sa tête touche la coulisse à gauche. Sur le premier plan à gauche, l'œil de la baleine ; sur le second, du même côté, deux jets d'eau parallèles qui sortent de ses naseaux et vont continuellement. La baleine est d'abord un peu agitée et fait quelques mouvemens ; son œil s'ouvre et se ferme peu à peu ; elle se calme et reste immobile. En ce moment une partie du flanc de la baleine s'ouvre pour le spectateur seulement, et lui présente l'intérieur divisé en divers compartimens, formés par des arêtes.

SCENE PREMIERE.

JONAS, *seul dans un des premiers compartimens in-térieurs ; il est sur un petit banc et devant une table fabriquée avec des arêtes de poisson.*)

Là, là, là, là, voilà pourtant la maison qui se tient tranquille ; c'est terrible d'être dans un domicile qui va tantôt à la cave, tantôt au grenier ! ça vous renverse toutes les idées ; il paraît cependant que la baleine s'est endormie, car elle ne remue plus ! O, mon bon ange, dans quel asile avez-vous donc conduit le pauvre Jonas, et que dirait ma mère-grand, si elle savait que depuis huit jours je suis locataire amphibie de cet appartement ! C'était dans un état quand je l'ai pris... ce n'était vraiment pas habitable ! Et pas une issue... Pour peu même qu'on s'approche de ces grands couloirs, qui sont à droite et à gauche du corps-de-logis, et que je présume être les oreilles de notre propriétaire... on entend le bruit des vagues, bou-hou!.. bou-hou... nous sommes en pleine mer... c'est sûr ! Aussi je vous demande si mon histoire est pos-

sible et si cela ressemble à quelque chose... dire qu'au
moment de notre naufrage il se soit trouvé la une baleine gastronome qui justement ce jour-là n'avait pas
dîné, c'est peut-être invraisemblable, j'en conviens, mais
dès qu'il fallait entrer quelque part... j'aime autant être
entré chez elle. La maison est belle, vaste et bien aérée...
une charpente admirable... On ne connaît pas assez les
baleines, pour bien en juger; il faut comme moi avoir
été dedans.

AIR : *Dieu que c'est beau!* (de la Petite Lampe.)

Dieu que c'est beau! j'ai peine à suivre
Tous ces arceaux en sens divers.
Monsieur Buffon dit, dans son livre :
« La baleine est le roi des mers. »
Et quand on est dans un empire
Il est, quoi qu'on en puisse dire,
Fort agréable, selon moi,
De loger chez le roi.

Aussi si jamais je sors de son palais, Dieu sait comme
j'en conterai; je veux même faire la relation véridique
de mon voyage... relisons un peu les notes que j'ai jetées
sur mon journal. (*Lisant.*)

« Le dix-huit février, j'étais dans la chambre du vais-
« seau, pensant au voyage que j'avais entrepris, à ma
« mère-grand et à cette petite Gianetta, que j'aimais
« comme un enragé depuis que j'avais appris qu'elle en
« aimait un autre; et comme c'était le mardi-gras, je
« m'amusais à faire des beignets, lorsque Frétino, mon
« ami et mon domestique, entra m'annoncer qu'une tem-
« pête se préparait et que le bâtiment faisait une voie
« d'eau considérable; je me recommandai à mon bon
« ange et j'envoyai Frétino travailler à la pompe....

« Le dix-neuf, mercredi des cendres, tout à coup il
« se fit un grand bruit; c'était le vaisseau qui enfonçait...
« Je fermai les yeux pour ne rien entendre, lorsque je
» me trouvai dans l'eau avec Frétino, qui s'était attaché à
« ma ceinture et qui ne m'aurait pas quitté pour un
« empire... Bon et digne serviteur.... Je voulais lui faire
« lâcher prise; il ne voulait pas; et dans ce combat de
« générosité, nous descendions toujours vers la cave...
« lorsque j'aperçus une espèce de soupirail... Dans ces
« momens-là ou se fourre où l'on peut... je m'y lançai

« à corps perdu, Frétino en fit autant, et nous nous trou-
« vâmes dans un corridor obscur et étroit où nous restâmes
« quelques instants sans pouvoir avancer. (*s'arrêtant.*) Je
« suis certain maintenant, à n'en pouvoir douter, que ce
« passage-là n'était autre chose que le gosier de la baleine...
« et la preuve c'est que je sentis fort bien ce mouvement-
« ci (*imitant le mouvement de quelqu'un qui avale.*)
« et qu'à l'instant même nous nous trouvâmes dans une
« pièce spacieuse et que je présume être son estomac...
« Ce fut là que nous passâmes la nuit. Le vingt, nous dé-
« jeunâmes assez gaîment avec quelques centaines
« d'huîtres que notre hôtesse avait avalées le matin.
« Le vingt et un, la baleine ayant eu des douleurs d'esto-
« mac, sans doute à cause de notre séjour dans le sien,
« ne voulut pas manger de la journée et nous ne prîmes
« rien.

« Le vingt-deux nous cherchâmes alors à pénétrer dans
« l'intérieur du bâtiment, et nous trouvâmes une grande
« pièce que je présumai être le ventre et que j'appelai le
« corps-de-logis; je m'en établis propriétaire; la baleine
« sentant moins de pesanteur sur l'estomac, déjeûna
« légèrement, et nous eûmes cinq ou six saumons pour
« notre dîner; depuis elle a continué de nous pourvoir
« en abondance.

« Le vingt-trois, je réglai définitivement l'intérieur de
« notre habitation... de sorte que je mangeai dans l'es-
« tomac, je couchai sur le ventre, et je mis Frétino
« sur le derrière. Le vingt-quatre je bâillai toute la ma-
« tinée. »

« Le vingt-cinq, je me reposai et je fis faire à Fré-
« tino cette petite table et ce banc avec des arêtes de
« poison. Le vingt-six nous étions chacun dans nos cham-
« bres quand toute l'habitation fut ébranlée par de vives
« secousses; il paraît que la maison était attaquée; j'en-
« voyai Frétino à la découverte... il regarda par les yeux
« de la baleine et découvrit que nous étions aux prises
« avec un ennemi redoutable, qu'à ses longues rangées
« de dents je jugeai être un requin ou un marsouin.

« Le vingt-sept, le combat continua, et la baleine se
« défendit si vivement, que Frétino, qui était ordinaire-
« ment à la queue, ne pouvait y rester à cause des grands
« coups qu'elle en allongeait.... Nous étions ici tous deux
« qui faisions notre possible pour l'encourager et lui re-
« mettre le cœur au ventre ! Frétino lui criait toujours :

« Défends ta queue!.. défends ta queue! » Enfin elle triompha, et c'est là que j'en suis resté de ma relation.

AIR : de *Marianne.*

Quel bruit!... quelle rumeur soudaine?
Lorsqu'un jour on annoncera :
Mémoir's secrets d'une baleine,
Par un monsieur qui l'habita!
   On clabaud'ra,
   J'entends déjà
Tout ce qu'on va dire sur cet ouvrage-là.
L'un dira oi, l'autre dira ça.
   Puis l'autre dira
   Patati patata.
Enfin si je puis en cachette,
   Sitôt que je l'aurai vendu,
   Obtenir qu'il soit défendu,
   V'là ma fortune faite.

SCENE II.

JONAS, FRÉTINO.

FRÉTINO.
Je vous dérange, monsieur Jonas?
JONAS.
Peux-tu le penser, un ami aussi fidèle.
FRÉTINO.
Je viens vous parler de notre déjeûner.
JONAS.
Quest-ce que nous avons aujourd'hui?
FRÉTINO.
D'abord un saumon.
JONAS.
Est-ce bien frais.
FRÉTINO.
De ce matin, j'étais là quand notre propriétaire l'a avalé, je l'ai vu passer.
JONAS.
Ah! tu étais au passage du saumon.... c'est bien; et après.

FRÉTINO.

Une centaine d'éperlans.

JONAS.

Toujours du poisson !

FRÉTINO.

Que je veux mettre en friture pour vous changer un peu... vous savez que j'ai sauvé notre poêle... car je faisais des beignets au moment du naufrage et je l'ai gardée à la main.

JONAS.

Ce qui a dû te gêner, quand j'y pense.

FRÉTINO, *battant le briquet.*

Dam! vous savez que le plus embarrassé est toujours celui qui tient la...

JONAS.

C'est juste... aussi je vais le consigner dans notre journal de voyage... car tout ce que tu fais, Frétino, je l'écris.

FRÉMINO, *battant le briquet.*

Vraiment ?

JONAS.

Vois plutôt... *Le 28 Frétino se mit à battre le briquet, et ramassant les morceaux de bois que notre propriétaire avalait continuellement, il en fit un bon feu.*

Tâche surtout que la friture soit bien légère... comment la fais-tu ?..

FRÉTINO.

A l'huile. L'huile de baleine il n'en manque pas.

JONAS, *près de la table et écrivant.*

Ça ne doit pas être mauvais.

PREMIER COUPLET.

FRÉTINO, *tenant la poêle.*

AIR : *Pauvre dame Marguerite* (de la Dame blanche).

C'que c'est pourtant que les hommes!
Ce que c'est que les poissons...
Que la baleine où nous sommes
Fait fair' de réflexions !
Hélas ! dans sa faim cruelle,
Nous fûmes mangés par elle,
Et ces jeunes éperlans
Le seront par nous, j'en soupire...

(Remuant la poêle.)

Tournez dans la poêle à frire,
Tournez, goujons innocens,
Tournez, tournez, car en tout temps
Les p'tits sont mangés par les grands.

DEUXIÈME COUPLET.

Oui, nos destins sont semblables,
Les sous-fermiers, les traitans
Grugent leurs contribuables,
Les procureurs, leurs cliens.
Chacun se mange à la ronde,
Hélas ! et dans ce bas monde,
Nous retournant en tous sens,
Le destin semble nous dire :
Tournez dans la poêle à frire,
Tournez, pauvres innocens,
Tournez, tournez, car en tout temps
Les p'tits sont mangés par les grands.

JONAS, *le regardant.*

Comme tu tiens ta poéle... prends garde de renverser... il n'en faudrait pas davantage pour donner à notre propriétaire une inflammation d'entrailles... on en voit tant.

FRÉTINO, *retournant sa poêle.*

N'ayez pas peur ! Mais vous avouerez, monsieur, que pour un voyage d'agrément, comme vous me l'aviez dit, ça commence bien... une fameuse auberge.

JONAS.

Nous pouvions plus mal tomber... pour moi surtout, qui suis misanthrope et qui déteste les hommes.

FRÉTINO.

Il n'y a pas à craindre qu'ils viennent vous déranger.

JONAS.

Ici plus d'ambition comme là-haut, plus de préjugés, plus de disputes... seul avec un ami véritable que j'ai le plaisir de posséder chez moi.

FRÉTINO.

Chez moi... c'est-à-dire chez nous.

JONAS.

Je t'ai dit chez moi.

FRÉTINO, *se levant et laissant la poële sur le feu.*

Et c'est là où je vous arrête... car enfin la baleine est à nous deux...

JONAS.

C'est ce qui te trompe... Je veux bien t'y loger, et avec plaisir, mais elle m'appartient.

FRÉTINO.

Pas plus qu'à moi.

JONAS.

J'y suis entré le premier.

FRÉTINO.

Nous y sommes entrés en même temps.

JONAS.

J'y étais avant toi... et j'en ai pris possession par droit de conquête, *primo occupanti*... si tu entends le latin.

FRÉTINO.

Non, monsieur... mais ce que je sais, c'est que le soleil luit pour tout le monde.

JONAS.

Pas ici... monsieur, et vous me devez foi et hommage.

FRÉTINO.

Je ne reconnais pas de maître.

JONAS.

Vous reconnaîtrez du moins que notre souverain à tous deux c'est là baleine.

FRÉTINO.

C'est vrai.

JONAS.

Et c'est moi qui suis son ministre de l'intérieur.

FRÉTINO.

C'est moi.

JONAS.

C'est moi.

ENSEMBLE.

JONAS.

Air: du *Château de mon oncle.*

Voyez cet ambitieux,
Qui prétendrait dans ses vœux
Me chasser de ces lieux,
Vas, tu n'es qu'un séditieux.
Je prétends et j'entends bien
Rester maître de mon bien.
Ce terrain est le mien
Et je le prouverai bien.

à Frétino.

Est-il donc ambitieux !
Que manque-t-il à ses vœux ?
Ce séjour spacieux
Est assez grand pour nous deux.
Comme vous, moi je soutien
Que ce terrain est mon bien.
C'est le mien comm' le sien,
Et je le prouverai bien.

FRÉTINO.

Mais voyez donc comme
Est le cœur de l'homme,
Ils ne peuvent entre eux
Vivre en paix dès qu'ils sont deux.

JONAS.

Si l'on me résiste,
Je vais, j'y persiste,
Te mettre hors de ces lieux.

FRÉTINO.

Je ne demande pas mieux.

ENSEMBLE.

Voyez cet ambitieux, etc.

(*A la fin de l'air on entend un grand bruit, et la baleine recommence à s'agiter.*)

JONAS.

Écoute donc ! Il me semble que la maison remue :
est-ce une visite qui nous arrive ?

FRÉTINO.

Encore quelque combat... quelque requin qui nous
aura entendus ; et pendant que nous nous disputons
l'autorité à nous deux...

JONAS.

Peut-être qu'un troisième... Dis donc, Frétino, va
regarder.

FRÉTINO.

Et par où ?

JONAS.

Et parbleu... par l'œil de notre propriétaire ; tu sais
bien que nous ne voyons que par ses yeux.

FRÉTINO.

A la bonne heure... je vais à notre observatoire et je
reviens sur-le-champ... Attendez-moi.

SCENE III.

JONAS, *seul*.

Sans qu'il y paraisse... il est impossible d'être plus ambitieux que ce petit garçon-là (*prenant la poêle et mangeant les poissons qui sont dedans.*), et surtout plus égoïste... il ne pense qu'à lui... aussi s'il était jamais mon grand-père... mais il n'y a pas de risque que je donne mon consentement... un gaillard... qui ne sait pas même faire la friture... celle-ci est manquée et pendant que nous nous disputions... ces pauvres éperlans... se sont desséchés et calcinés (*les mangeant.*) Misérables victimes des discussions des hommes et des divisions intestines !

SCENE IV.

JONAS, FRÉTINO.

FRÉTINO, *roulant un grand coffre.*
Monsieur Jonas ! monsieur Jonas !
JONAS.
Qu'est-ce donc ?
FRÉTINO.
Venez m'aider... car c'est joliment lourd... voilà ce que madame vient d'avaler.
JONAS, *regardant.*
Un vase de bronze !
FRÉTINO.
Quand je vous dis qu'elle a un estomac de fer..... Et mais il y a sur ce vase des caractères tracés.... voyons, lisons, ane... *anneau du roi Salomon.*
JONAS.
Il faut que ce soit bien précieux, car c'est bien fermé.
FRÉTINO.
Ouvrons toujours... (*Ils lèvent ensemble le couvercle, il sort du vase une épaisse fumée.*
JONAS.
Ah ! mon Dieu, quelle fumée !.... pouah ! c'est pire

qu'un estaminet (*y fourrant la main*). Un anneau... et un papier. (*lisant*) *Jonas*...Tiens, c'est à moi! comment ont-ils su mon adresse.... *Je sais ce qui t'amène , et je t'attendais depuis trois mille ans.* Par exemple, je suis bien fâché d'avoir fait attendre si long-temps. *Je t'attendais depuis trois mille ans , pour te donner le moyen de trouver la cinquième statue que tu cherches.* Il se pourrait!...

FRÉTINO.

Achevez donc vite.

JONAS, *continuant.*

L'anneau ci-joint est celui du puissant roi Salomon ; il l'avait autrefois donné à une de ses femmes, la sultane Rébecca, qui était l'esprit de contradiction en personne. Or, cet anneau t'aidera dans tes recherches, et disparaîtra quand tu auras réussi. Mais je te préviens qu'il exécutera toujours le contraire de ce que tu ordonneras ; ainsi, prends garde à toi !

FRÉTINO.

Comment! ça fera toujours le contraire de ce que nous dirons ?

JONAS.

Encore des devinotes.... Ils savent que je ne les aime pas, et ils m'en donnent exprès pour nous casser la tête. C'est égal, essayons toujours.... donne-moi l'anneau et tiens-toi bien... Qu'est-ce qu'il faut demander?

AIR : *Montagnes.*

Prononce;   (*bis.*)
De tes avis je veux m'aider.
Prononce, (*bis.*)
Qu'faut-il demander?

FRÉTINO.

De ces lieux d'mandez qu'on nous sorte;
Allons , parlez d'une voix forte.

JONAS, *criant.*

A l'instant j'entends et je veux
Qu'au-dessus des flots orageux
On nous porte tous deux.

(*Le ventre de la baleine s'entr'ouvre et on les voit redescendre.*)

ENSEMBLE.

J'enfonce. (*bis.*)

JONAS.

Lach' moi donc.

FRÉTINO.

J'vous serr'dans mes bras.
J'enfonce,
Je n'vous quitt'pas.

(*Ils disparaissent tous les deux.*)

SCENE V.

Le théâtre change et représente le fond de la mer; une grotte maritime
située sous les eaux; on voit au-dessus de la tête couler les vagues;
sur le premier plan, une néréide endormie et appuyée sur son urne.

LA NÉRÉIDE, JONAS, FRÉTINO.

JONAS, *à Frétino.*

Ah! ça, veux tu me lâcher! Qu'est-ce que c'est donc
que cette mauvaise habitude-là? Je vous préviens, Frétino, que la première fois que nous enfoncerons ensemble, je n'entends pas que vous vous attachiez ainsi à
moi....

FRÉTINO.

Je ne m'attendais pas à vous voir blâmer un excès
d'attachement.

JONAS.

C'est la cause que nous avons été à fond une fois plus
vite.

FRÉTINO.

Aussi, c'est votre faute.... On vous avait prévenu que
cet anneau faisait tout le contraire de ce qu'on lui disait,
et vous allez demander qu'on nous sorte de l'eau.

JONAS.

Je vois bien maintenant que c'était le moyen de nous
couler bas; mais pourquoi aussi ordonne-t-on des choses
si difficiles.... Moi, ça m'embrouille.... Ah! ça, il paraît
que nous ne descendons plus et que nous voilà arrivés.

FRÉTINO.

Si nous remontions de suite?

JONAS.

Il faut au moins le temps de respirer, et puisque nous

voilà... (*regardant en haut.*) Ah ! mon Dieu ! où sommes
nous donc ?

FRÉTINO.

AIR : vaud. de l'Actrice.

Voyez au-dessus d'notr' tête
Les flots faire des sauts et des bonds ,
Et même au milieu d'la tempête
Nous voyons passer des poissons.

JONAS.

J'admire ce miracle insigne,
Ce n'est plus comme en notre sol,
Au lieu de les prendre à la ligne
On pourrait les tirer au vol.

FRÉTINO.

Monsieur, regardez donc cette petite fille appuyée sur
ce vase, et qui dort si profondément.

JONAS.

C'est quelque fleuve ou quelque rivière souterraine.

FRÉTINO.

Silence !... je crois qu'elle s'éveille.

JONAS.

Tant mieux... car il n'y a pire eau que l'eau qui dort.
Attends... attends, nous allons savoir où nous sommes.
(*Frottant son anneau.*) J'ordonne qu'elle vienne à
nous, et qu'elle nous parle.

FRÉTINO.

Elle ne bouge pas, et elle ne dit rien ; est-ce que nous
nous serions trompés? est-ce que ce serait une statue ?

JONAS.

Une statue.... Si c'était ma cinquième!... Madame...
Je vais bien le voir.... Madame.... Décidément elle ne dit
rien... c'est bien étonnant.

FRÉTINO.

Et non , c'est tout naturel... c'est encore votre faute ou
plutôt celle de l'anneau.... Qu'est-ce que vous avez di
tout à l'heure ?

JONAS.

J'ai dit : Je veux qu'elle parle.

FRÉTINO.

Justement.

JONAS.

Diable d'anneau... Quand on n'y est pas habitué! Eh
bien ! qu'elle reste là et qu'elle ne parle pas !

LA NÉRÉIDE, *venant à eux et avec volubilité.*

Que vois-je! des mortels dans ces lieux où les divinités de l'Océan ont seules le droit de pénétrer!... Jamais visite pareille ne nous était encore arrivée. Qui êtes-vous? Que voulez-vous? que demandez-vous?

JONAS.

Tu avais raison... il n'y avait que cela qui la retenait.

LA NÉRÉIDE.

Répondez! D'où sortez-vous?

JONAS.

Mon Dieu, madame, je vous demande la permission de ne pas vous le dire... parce que vous ne me croiriez pas... Notre voiture est restée là haut... Mais daignerez-vous nous apprendre où nous sommes?

LA NÉRÉIDE.

Vous êtes dans le palais d'Amphitrite, situé sous les eaux. Vous n'en avez guère que deux ou trois mille pieds sur la tête; c'est ici le rendez-vous de tous les fleuves et de toutes les rivières. Ces messieurs et ces dames, quand ils ont achevé leur tournée et fini leurs cours, viennent causer ici sur la pluie et le beau temps. Vous pouvez les apercevoir.

FRÉTINO, *regardant à gauche.*

C'est m a foi vrai.

JONAS.

Quel est ce grand qui a une tournure allemande?

LA NÉRÉIDE.

C'est le Rhin....

FRÉTINO.

Et ce petit sec, habillé à l'espagnole?

LA NÉRÉIDE.

C'est le Tage...

JONAS.

Il cause avec une demoiselle qui a l'accent gascon.

LA NÉRÉIDE.

C'est la Garonne.

JONAS.

AIR : *Le briquet frappe la pierre.*

Quelle est cette autre Française
Dont l'aspect est libre et fier?

LA NÉRÉIDE.

C'est la Seine.

FRÉTINO.

Elle a bon air.
L'autre habillée à l'anglaise?

LA NÉRÉIDE.

La Tamise.

JONAS.

Beau maintien.
Et ce gros qui ne dit rien?

LA NÉRÉIDE.

Le Danube.

JONAS.

C'est très bien :
Je lui trouve un air despote.
Pourquoi cet accoutrement?
Habit vert et gros turban ?

LA NÉRÉIDE.

C'est que dans le doute il flotte ,
Ignorant dans ce moment
S'il est russe ou musulman ,
S'il sera russe ou musulman.

JONAS.

Et vous , madame , est-ce que vous seriez quelque rivière de notre connaissance ?

LA NÉRÉIDE.

J'en doute; car je ne fais pas grand bruit dans le monde: on m'appelle des Gobelins.

JONAS.

Vous seriez cette fameuse rivière des Gobelins ?

LA NÉRÉIDE.

Néréide subalterne , qui ne suis ici que pour la galerie.

JONAS.

Je comprends ! pour faire tapisserie. Pardon , mademoiselle, de vous avoir dérangée; ce n'est pas ici, je le vois bien , que je trouverai ce que nous cherchons.

LA NÉRÉIDE.

Au contraire, vous ne pouvez mieux rencontrer; nous avons ici tout ce qui se perd là-haut; c'est un pays très riche que le nôtre. Les cargaisons de vos négocians , les galions du nouveau-monde , les frégates à courant d'eau, les cloches hydrauliques, et tant de projets qui sont tombés dans l'eau.

FRÉTINO.

Ce n'est pas ça qu'il nous faut.

LA NÉRÉIDE.

Sans compter mille inventions nouvelles qui font d'abord grand bruit chez vous, et qui tôt ou tard finissent par arriver à ce grand fleuve que vous voyez et qu'on appelle le fleuve d'oubli.

JONAS.

Il serait possible !

LA NÉRÉIDE.

AIR : *Ces Postillons sont d'une maladresse.*

Peines, chagrins, grace à lui tout s'efface.
Ce qu'on était on l'oublie à l'instant.
Vos parvenus, vos gens en place
En font usage fréquemment,
Et les amans encore plus souvent.

JONAS.

Ah! si ces eaux enlèvent la mémoire,
Daignerez-vous m'en donner?

LA NÉRÉIDE. Volontiers.

Est-ce pour vous?

JONAS.
Non, pour en faire boire
A tous mes créanciers.

LA NÉRÉIDE.

Mais nous avons ici une source plus précieuse encore.

FRÉTINO.

Et laquelle ?

LA NÉRÉIDE.

C'est la fontaine de Jouvence.

AIR : de *l'Artiste.*

Sa source enchanteresse
De l'hiver fait l'été,
Et donne la jeunesse
Ainsi que la beauté.
Par cette onde immortelle
On plaît toujours.

FRÉTINO.
Vraiment!
Je vois qu'mademoiselle
Doit s'y baigner souvent.

JONAS.

Si j'osais vous en demander quelques bouteilles.

LA NÉRÉIDE.

Il ne tient qu'à vous d'en puiser... tenez de ce côté.

JONAS.

- Frétino... va vite avant que nous ne partions.

6

AIR : *des Amazones.*

Pourvu tout'fois qu'en ces lieux l'ordonnance
Nous permett' d'les emporter.

LA NÉRÉIDE.

Mais sans danger vous le pouvez, je pense ;
Personne ici ne peut vous arrêter.

FRETINO.

Nous pourrons donc remonter vers la terre,
Et sans payer de commis ni d'octrois,
A moins qu'on ait placé près d'la barrière
Quelques requins pour percevoir les droits.

(*Il sort.*)

SCENE VI.

JONAS, LA NÉRÉIDE.

LA NÉRÉIDE.

Si c'est pour cela que vous veniez, vous serez bientôt
satisfait.

JONAS.

Je vous avoue, mademoiselle des Gobelins, que j'aurais
bien quelque chose à vous demander ; mais je crains que
vous ne puissiez pas me dire au juste où est ce que je
cherche.

LA NÉRÉIDE.

Jusqu'à présent cela me serait difficile, mais nous
avons en ces lieux une nymphe jeune et belle qui en sait
plus que moi et à qui rien n'est caché.

JONAS, *vivement.*

C'est mon bon ange qui m'a conduit près d'elle ! Et
vous croyez que cette jeune personne pourra m'appren-
dré....

LA NÉRÉIDE.

Tout ce que vous voudrez savoir.

JONAS.

Elle est donc bien instruite... pour une femme ?

LA NÉRÉIDE.

C'est ce que tout le monde dit ; et ce qui vaut encore
mieux, elle ne vous trompera jamais.

JONAS.

O miracle sans pareil... Et quel est son nom ?

LA NÉRÉIDE.

La Vérité.

JONAS, *étonné.*

La Vérité !

LA NÉRÉIDE.

Est-ce qu'elle vous fait déjà peur ?

JONAS.

Comment, elle est ici à domicile ?

LA NÉRÉIDE.

Où voulez-vous donc qu'elle soit, n'étant pas sur terre?

JONAS.

Il faut bien qu'elle soit dessous, vous avez raison. C'est donc ça, qu'on ma toujours dit qu'elle habitait dans un puits?

LA NÉRÉIDE.

A peu près ; car elle demeure depuis trois ou quatre mille ans dans ce beau palais de cristal que vous voyez d'ici....

JONAS.

Un palais de cristal ! singulier hôtel. Au fait, elle est assez précieuse et assez rare pour qu'on la mette sous verre ! Venez, guidez-moi.

AIR : *Si ça t'arrive encore* (de la Marraine).

Ce palais sans doute est bâti
Près d'un fleuve ou d'une rivière,
Car vous en avez tant ici.

(*montrant le côté des fleuves.*)

Est-ce par là?

LA NÉRÉIDE, *montrant le côté opposé.*
Tout au contraire,
Elle habite de ce côté.
On a mis, pour raison fort bonne,
Le palais de la vérité
Bien loin de la Garonne.

JONAS.

Est-ce étonnant? moi qui ne la cherchais pas ; la rencontrer ainsi par hasard!

LA NÉRÉIDE.

Les plus grands savans n'en font jamais d'autres ; venez, je vais vous conduire.

SCENE VII.

LES PRÉCÉDENS, FRÉTINO.

FRÉTINO, *tenant plusieurs fioles.*

Monsieur Jonas! monsieur Jonas! j'ai notre provision.

JONAS, *prenant les fioles et les mettant dans sa poche.*

C'est bien! c'est bien!

FRÉTINO.

Surtout, n'allez pas casser les fioles! Car c'est une eau si merveilleuse, que cette eau de Jouvence. Imaginez-vous qu'en me baissant pour puiser à cette fontaine, j'y ai laissé tomber ma casquette qui était si vieille.... vous savez.....

JONAS.

Eh bien!

FRÉTINO.

Eh bien! je l'ai retirée.... c'était un castor tout neuf.... C'est-il heureux!

AIR : *Au clair de la lune.*

Tout est vieux sur terre.
Que d'peine on s'donna
Souvent pour refaire
Ce qu'on fit dejà!
Auteurs d'tout's espèces,

(*Montrant son chapeau.*)

Contemplez-moi ça,
Et portez vos pièces
A c'te fontain'là.

JONAS.

Il est de fait que c'est très commode, et quand je songe à ma toilette, pouvons-nous passer par là en allant au palais de cristal?

LA NÉRÉIDE.

Pourquoi?

JONAS.

A cause de mon habit qui est de l'année dernière; je ne serais pas fâché de le mouiller un peu pour lui donner un air de fraîcheur.

LA NÉRÉIDE.

C'est inutile; la Vérité ne tient pas au costume.

JONAS.

C'est juste.... car on dit que le sien.... ce n'est pourtant pas faute de miroir..... Et vous croyez qu'elle nous recevra bien ?

LA NÉRÉIDE.

Je l'ignore ; il y a trois sortes de gens qui sont très mal avec elle, les charlatans, les courtisans et les voyageurs.

JONAS.

Nous sommes de ce nombre.

FRÉTINO.

Alors, monsieur, n'y allons pas.

LA NÉRÉIDE.

Je dois vous prévenir aussi qu'en approchant on est ébloui, et qu'à moins de détruire ce palais de cristal, dont l'éclat peut vous faire perdre la vue...

JONAS.

Il fallait donc le dire ; moi qui y allais pour m'éclairer, je ne me soucie pas d'en revenir aveugle.

LA NÉRÉIDE.

Alors que voulez-vous ?

JONAS.

Qu'elle reste chez elle ; car je ne veux ni la voir ni briser son palais.

(*On entend en dehors un grand bruit.*)

Voilà de la vaisselle qui se casse.

LA NÉRÉIDE, *s'enfuyant.*

Tout est perdu ! c'est le palais qui est en morceaux.

FRÉTINO.

Encore votre talisman ; vous ne prenez jamais garde.

JONAS.

Est-ce que j'y pensais !

SCENE VIII.

JONAS, FRÉTINO, LA VÉRITÉ, *son miroir à la* main, FLEUVES ET RIVIÈRES.

ENSEMBLE.

LA VÉRITÉ ET LES FLEUVES.

AIR : *A ce soir, à minuit.*

Un mortel en ces lieux!
Quel est le téméraire

Qui , bravant ma colère,
Se présente à mes yeux?

JONAS ET FRETINO.

Excusez en ces lieux
Un mortel téméraire
Qui craint votre colère
Et l'éclat de vos yeux.

LA VÉRITÉ.

Auprès de moi qui vous attire ?

JONAS.

C'était le désir de savoir.

FRETINO.

Et nous commençons dans votre empire
Par un'bêtis', sans le vouloir.

JONAS.

A vos bontés voilà nos titres,
Ce n'est pas notre faute, hélas !

FRETINO.

Car près des dam's nous n'avons pas
L'usage de casser les vitres.

ENSEMBLE.

LA VÉRITÉ.

Approchez tous les deux ;
Je n'ai plus de colère ,
Je vais vous satisfaire
Et combler tous vos vœux.

FRETINO ET JONAS.

Approchons tous les deux ;
Oubliant sa colère,
Ell' va nous satisfaire
Et combler tous nos vœux.

JONAS.

Vous êtes donc assez bonne pour nous pardonner notre
indiscrétion?

LA VÉRITÉ.

Ceux qui me recherchent sont si rares qu'il faut leur
savoir gré de leur visite.

JONAS.

Et vous ne m'en voulez pas de la casse de votre palais?

LA VÉRITÉ.

Il sera bientôt reconstruit.....

JONAS.

Vraiment.... (*se reprenant.*) Je vous crois sur parole.
Et certainement, madame , c'est un honneur pour nous.

LA VÉRITÉ.

Je n'aime pas les complimens.

JONAS.

Alors je vous dirai que nous venons.....

LA VÉRITÉ.

Je sais pourquoi....

JONAS.

J'aurais l'avantage d'être connu de vous! Oserai-je vous demander comment vous me trouvez ?

LA VÉRITÉ.

Très-laid.

JONAS, *à part.*

Eh bien! par exemple, est-ce qu'on dit ces choses-là! Au fait, à son âge, à quatre mille ans, il est possible qu'on ait la vue basse. (*haut.*) Je voulais vous parler du moral.

LA VÉRITÉ.

Bon, naturel, gâté par la flatterie, la richesse et la sottise.

JONAS, *à part.*

Allons, décidément elle voit faux. On dira ce qu'on voudra, je ne trouve pas que cette femme-là est aimable; mais puisque j'ai besoin d'elle...(*haut.*) Je craindrais, en vous interrogeant davantage, d'abuser de votre complaisance: je vous demanderai seulement si vous savez quel est ce trésor si précieux que mon père m'a ordonné de chercher.

LA VÉRITÉ.

Je le sais.

JONAS.

Cette cinquième statue existe donc ?

LA VÉRITÉ.

Elle existe.

JONAS.

Et où la trouverai-je?

LA VÉRITÉ.

Dans le royaume de Naples, aux environs d'Amalfi, près le golfe de Salerne.

JONAS.

La chaumière de ma mère-grand ?

LA VÉRITÉ.

Précisément!

JONAS.

C'était bien la peine de la quitter, et d'aller chercher

si loin ce que nous avions sous la main..... Partons vite.

FRETINO.

Sans la remercier ?

JONAS.

Elle n'aime pas les complimens.

FRETINO.

Oui ; mais moi, j'ai aussi quelque chose à lui demander.— Pardon, excusez, ma belle dame, connaissez-
vous celle que j'aime ?

LA VÉRITÉ.

Oui.

FRETINO.

L'original de ce portrait existe-t-il ?

LA VÉRITÉ.

Il existe.

FRETINO.

Et où le trouverai-je ?

LA VÉRITÉ.

Dans le royaume de Naples , aux environs d'Amalfi,
près le golfe de Salerne.

FRÉTINO

Le monde entier s'est donc donné rendez-vous dans
cette chaumière ?

JONAS , *à part.*

Pour ce qui est de cela , elle n'a pas menti.

FRÉTINO.

Encore un mot.... Pourrai-je m'en faire aimer ?

LA VÉRITÉ.

Elle t'aimera.

JONAS , *à part.*

Mânes de mon grand-père le souffririez-vous ?

FRÉTINO.

L'épouserai-je ?

LA VÉRITÉ.

L'épouser ! toi ?....

FRÉTINO.

Oui , madame.

LA VÉRITÉ.

Tu l'épouseras.

ENSEMBLE.

FRETINO.

AIR : *des Folies amoureuses* (arrangé par Castil-Blaze).

Quel bonheur ! d'après cet oracle,
J'obtiendrai l'objet de mes vœux.

C'est à vous qu'est dû ce miracle,
C'est par vous que je vais être heureux.

JONAS.

C'en est fait, d'après cet oracle,
Il verra combler tous ses vœux.
Je saurai bien y mettre obstacle
Et l'empêcher d'insulter mes aïeux.

LA VÉRITÉ.

Du destin tels sont les oracles;
Vous verrez combler tous vos vœux.
Mais craignez encor des obstacles?
Qui peut jamais se vanter d'être heureux.

FRÉTINO.

De partir de ces lieux je grille,
Prenons nos bouteilles à l'instant,
Et puis remontons promptement.

(*Il court au fond du théâtre, où il a déposé en arrivant ses bouteilles.*)

JONAS, *à part.*

Oui, pour l'honneur de la famille,
Employons notre talisman.
Il faut qu'ici son pouvoir brille.
Mon anneau, je veux à l'instant
Que loin de ces lieux on m'emporte!

(*Montrant Frétino.*)

Et je veux, lui, qu'il y reste toujours.

(*En ce moment Frétino est enlevé dans les airs.*)

FRETINO.

A moi, c'en est fait de mes jours!

LA VÉRITÉ.

Eh quoi! nous quitter de la sorte!

JONAS.

Arrêtez! arrêtez! vous vous trompez encor.
Arrêtez! arrêtez! ils n'en vont que plus fort.

(*On voit Frétino s'élever dans l'air, passer à travers les vagues et disparaître, tandis que la néréide et tous les fleuves accourent et le regardent.*)

CHOEUR.

Dieu! quel bruit! quel est ce miracle!
Des mortels sont venus dans ces lieux!
Jusqu'ici semblable spectacle
N'avait encor jamais frappé nos yeux.

(*Jonas se désespère, la Vérité le console.*)

FIN DU DEUXIÈME ACTE.

ACTE TROISIÈME.

Le théâtre représente l'intérieur de la chaumière de la mère-grand.
Même décor qu'au premier acte.

SCÈNE PREMIÈRE.

LA MÈRE-GRAND, GIANETTA.

GIANETTA, *arrivant*.

Madame Jonas! madame Jonas! où est-elle donc...
v'là son grand fauteuil toujours à la même place, ce
n'est pas comme elle : tous les jours elle va au-devant de
son fils, et moi aussi j'viens savoir tous les jours s'il est
arrivé... Personne; il paraît que ce n'est pas encore pour
aujourd'hui.

PREMIER COUPLET.

AIR :

D'puis qu'il est à la poursuite
D'c'trésor que nous attendons,
Je n'sais pas lui s'il court ben vite,
Mais mon pauv'cœur, j'vous en réponds,
N'va plus que par sauts et par bonds.
Par le chagrin je suis maigrie,
Si j'pleur' de cette façon-là,
Je vais cesser d'être jolie.
C'est des bêtis' d'aimer comm'ça.

DEUXIÈME COUPLET.

Tous les garçons du voisinage
Pendant ce temps me font la cour.
Ils parlent tous de mariage;
Moi je dis non ; car chaque jour

De Jonas j'attends le retour.
Mais avant que ce jour-là brille
J'en mourrai, je le sens bien là;
Et l'plus cruel, je mourrai fille...
C'est des bêtis' d'aimer comm'ça.

SCÈNE II.

LA MÈRE-GRAND, GIANETTA.

LA MÈRE-GRAND.
Ah! mon Dieu! mon Dieu! les maudites gens!
GIANETTA.
Qu'avez-vous, madame Jonas?
LA MÈRE-GRAND.
Ah! qu'une pauvre veuve est à plaindre... Voilà notre maison saisie par autorité de justice.
GIANETTA.
Qu'est-ce que vous me dites là...
LA MÈRE-GRAND.
Que les huissiers, que les recors ont tout bouleversé dans la maison; dans ce moment ils font l'inventaire des caves, ils vont trouver nos trésors.
GIANETTA.
Et monsieur Jonas qui n'est pas ici!
LA MÈRE-GRAND.
C'est bienheureux qu'il n'y soit pas, car on attend qu'il arrive pour le conduire en prison.
GIANETTA.
C'est égal, il serait arrivé.
LA MÈRE-GRAND.
Pour le voir injurier, maltraiter, pour le voir battu?
GIANETTA.
Qu'est-ce que ça me fait... je le verrais.
LA MÈRE-GRAND.
Comme elle l'aime!

GIANETTA.

AIR : d'*Aristippe*.

Mais je ne sais quel sinistre présage
Me dit tout bas qu'il n'reviendra jamais.

LA MÈRE-GRAND.

Pour un' pauvre mère, à mon âge,
Quels seraient, hélas ! mes regrets !
Mon p'tit Jonas, je n'te reverrais jamais.
Quand on n'a qu'un fils... ô nature !

GIANETTA.

Notr' malheur, madame, serait commun,
Car j'n'ai qu'c't'amant-là, j'vous jure.

LA MÈRE-GRAND.

Toi, c'est ta faut', pourquoi n'en as-tu qu'un ?

LA MÈRE-GRAND.

Et dire que depuis son départ... il ne nous a pas donné une seule fois de ses nouvelles.

GIANETTA.

C'est qu'il n'a pas pu.

LA MÈRE-GRAND.

Avec cela... il y a tant de gens charitables qui viennent toujours vous apporter la gazette, quand elle contient de mauvaises nouvelles. « Mère Jonas, le vaisseau « où était votre fils a fait naufrage... lisez plutôt..., il a « été englouti, et patati, et patata. » Moi je ne veux rien croire de tout cela...

GIANETTA.

Mais cependant si c'était vrai... ce pauvre Jonas !

LA MÈRE-GRAND.

Et ce pauvre Frétino... qui ne l'accompagne que pour son plaisir et par complaisance...

GIANETTA.

Moi d'abord... j'en mourrais.

LA MÈRE-GRAND.

Aussi c'est ta faute... pourquoi ne pas m'avoir avoué avant son départ... que c'est lui que tu aimais... Ça l'aurait peut-être empêché de partir... car je suis bien sûre qu'il t'aime au fond, et plus que tu ne crois...

GIANETTA.

Non, madame Jonas, il lui fallait de la fortune, et je n'en ai pas... car tous les hommes sont de même... Ne voilà-t-il pas mon oncle qui, pour comble de malheur, veut me marier au gouverneur de la province qui est amoureux de moi.

LA MÈRE-GRAND.

Le seigneur de Riparda, qui est si vieux et si riche ?

GIANETTA.

Il ne se contente pas d'être laid et bossu, il faut encore qu'il soit borgne.

LA MÈRE-GRAND.

Et tu lui as donné dans l'œil?

GIANETTA.

Le seul qui lui reste... est-ce avoir du malheur... J'ai différé tant que j'ai pu... espérant que M. Jonas arriverait et qu'il me protégerait... Mais c'est aujourd'hui que j'ai promis de me décider... sans cela le gouverneur viendra m'enlever ici de vive force, à ce qu'il dit, pour faire mon bonheur.

LA MÈRE-GRAND.

Et la justice n'ouvrira pas les yeux sur de pareils attentats!

GIANETTA.

Pardi!... la justice, c'est lui... Et vous savez bien qu'elle n'y voit qu'à moitié...

LA MÈRE-GRAND.

C'est vrai...

GIANETTA.

Je le soupçonne même d'avoir fait aujourd'hui saisir notre maison... pour que je me trouve sans asile : et tenez, je les entends...

LA MÈRE-GRAND.

Nous sommes ruinés, ils emportent tous nos trésors.

SCÈNE III.

LES PRÉCÉDENS, CHŒUR D'HUISSIERS, *boitant ou se tenant la joue.*

LE CHŒUR.

AIR : *Amis, voici le jour qui va paraître* (de *la Muette*).

Ah! c'est affreux! ah! c'est abominable!
Traiter ainsi des honnêtes recors!
Vit-on jamais, jamais rien de semblable!
Nous nous plaindrons, et pour l'honneur du corps.

LA MÈRE-GRAND.

Comment? vous sortez les mains vides... vous auriez été attendris...

PREMIER HUISSIER.

Attendris... vous êtes bien bonne ; j'en suis meurtri,
et le procès-verbal en parlera... il y a voie de fait.

DEUXIÈME HUISSIER.

Il y a rébellion... j'en ai trois dents de moins...

PREMIER HUISSIER.

Et moi les reins brisés.

DEUXIÈME HUISSIER.

C'est la première fois...

PREMIER HUISSIER.

Au lieu de toucher notre capital.

DEUXIÈME HUISSIER.

C'est lui qui nous a touchés...

PREMIER HUISSIER.

Mais de quelle manière !

CHOEUR.

Ah ! c'est affreux ! ah ! c'est abominable !
Traiter ainsi des honnêtes recors !
D'un tel abus, d'un guet-à-pens semblable
Nous nous plaindrons, et pour l'honneur du corps.

GIANETTA, *ouvrant la porte.*

Mais nous avons plus d'une autre statue,
Toutes en or, venez donc les saisir.

CHOEUR DE CRÉANCIERS, *se sauvant par la fenêtre du fond.*

Ah ! pour mon dos je crains même leur vue.

LA MÈRE-GRAND.

C'est pourtant l'or qui les aura fait fuir.

ENSEMBLE.

CHOEUR DE CRÉANCIERS.

Ah ! c'est affreux ! ah ! c'est abominable !
Traiter ainsi des honnêtes recors !
D'un tel abus, d'un guet-à-pens semblable
Nous nous plaindrons, et pour l'honneur du corps.

(*Ils disparaissent tout-à-fait.*)

LA MÈRE-GRAND *et* GIANETTA.

Ah ! c'est charmant ! c'est vraiment admirable !
Sans désormais craindre pour nos trésors,
Nous pouvons donc par un accueil semblable
Récompenser les huissiers, les recors.

GIANETTA, *fermant la fenêtre du fond.*

Les voilà partis... ne craignez rien, je vais les recon-
duire jusqu'au bout de la rue.

SCÈNE IV.

LA MERE-GRAND, *seule.*

Mon pauvre petit Jonas, que n'était-il là... Quel plaisir
pour lui de voir ses intérêts aussi bien défendus... Mais
quand reviendra-t-il retrouver ses trésors? et sa mère-
grand la reverra-t-il... jamais!.. (*on frappe en dehors.*)
Ah! on frappe en dehors... c'est sans doute le voisin...
Gianetta... Gianetta... J'oublie qu'elle est sortie...

JONAS, *en dehors.*

Ma mère-grand!

LA MÈRE-GRAND, *toute émue.*

Qu'est-ce que j'entends!

JONAS, *en dehors.*

Ma mère-grand... c'est moi... c'est votre petit Jonas.

LA MÈRE-GRAND.

AIR : de *Renaud d'Ast.*

Pauvre petit, j'entends sa voix.
Eh quoi! c'est bien lui cette fois.
Ah! ma joie est trop forte.

JONAS, *en dehors.*

Mais ouvrez donc la porte.

LA MÈRE-GRAND, *allant ouvrir.*

Comment! c'est lui que je revois!
J'en mourrai de plaisir, je crois;
Ah! oui, ah! oui, le plaisir me transporte.

SCÈNE V.

LA MÈRE-GRAND, JONAS, *avec un panier sous le bras.*

LA MÈRE-GRAND.

Ce pauvre petit!... que je t'embrasse encore... je te trouve un peu grandi.

JONAS.

Et vous au contraire, vous me semblez rapetissée.

LA MÈRE-GRAND.

Comme te voilà frais!

JONAS.

Je le crois bien... On le serait à moins.

LA MÈRE-GRAND.

Mais quand j'y pense... tomber ainsi des nues...

JONAS.

Ah! bien oui, des nues... il s'en faut diablement... Si vous saviez d'où je viens... dire que j'étais resté enfoncé... maudissant les fleuves, les naïades, et surtout les baleines dont je ne voulais plus entendre parler.... C'est ce qui fait que tout à coup je m'y suis retrouvé.

LA MÈRE-GRAND.

Dans une baleine?

JONAS.

Justement... Par bonheur, ce n'était pas la première fois, et je connaissais les êtres.

LA MÈRE-GRAND.

Ah! mon Dieu! il ne sait plus ce qu'il dit... il est fou...

JONAS.

Non, mère-grand, je suis un voyageur qui vous en contera de belles. Qu'il vous suffise de savoir que j'y serais encore... si dans un moment d'inspiration, je n'avais pas ordonné à mon bon génie de m'éloigner de vous.

LA MÈRE-GRAND.

De moi!

JONAS.

Ce qui fait que sur-le-champ j'ai été transporté devant votre maison.

LA MÈRE-GRAND.

Et comment cela?

JONAS.

C'est une suite de l'obéissance qu'il a pour mes ordres. Quand on le prie d'aller à gauche on est sûr de le trouver à droite.

LA MÈRE-GRAND.

C'était juste le caractère de ton grand-père... Aussi le pauvre défunt, si je ne l'avais pas mené...

JONAS.

Je sais bien, mère-grand, vous l'avez fait marcher droit.

LA MÈRE-GRAND.

Et toi-même, si je ne t'avais pas morigéné... Mais dis-moi, mon garçon, toi et ce petit Frétino, qu'êtes vous devenus? As-tu réussi?.. comment reviens-tu?

JONAS.

Je reviens comme j'étais parti.

LA MÈRE-GRAND.

C'était bien la peine. Qu'est-ce que tu auras appris à voyager?

JONAS.

Ça m'aura appris bien des choses... Ça m'aura appris, d'abord, que j'avais eu tort de me mettre en route... aussi désormais, que je trouve ou non ce que je cherche, j'ai assez d'aventures comme cela... Je ne veux plus vous quitter, ma mère-grand; je veux rester au coin de notre feu.

LA MÈRE-GRAND.

T'établir, te marier; être comme ton grand-père...

JONAS.

Peut-être bien... Ça peut m'arriver.

LA MÈRE-GRAND.

Prendre une bonne femme... une femme qui t'aime.

JONAS.

Pour ça, je vous ai déjà dit, ma mère-grand, que je ne voulais plus courir et je n'ai pas envie de faire le tour du monde.

LA MÈRE-GRAND.

Et si en ton absence je t'avais trouvé ce qu'il te faut?..

JONAS.

vraiment...

LA MÈRE-GRAND.

Cette petite Gianetta, qui demeure avec nous.

JONAS.

Une belle idée... Presqu'au moment de mon départ vous

8

m'avez confié qu'elle aimait quelqu'un... et j'ai dit : bon,
la voilà comme les autres... elles aiment toutes quelqu'un .. et c'est drôle, moi je n'ai jamais pu être quelqu'un .. même du temps où j'étais quelque chose..?
Ainsi, jugez maintenant que je ne suis rien.

LA MÈRE-GRAND.

Eh bien! voilà ce qui te trompe... car celui qu'elle
aimait... c'était toi...

JONAS.

Il serait possible !..

LA MÈRE-GRAND.

Elle n'osait te l'avouer... mais c'est toi... Ah! comme
elle venait ici te pleurer et faire ma partie de piquet.

JONAS.

O dévoûment de l'amour !

LA MÈRE-GRAND.

Ou me lire la gazette.

JONAS.

Pauvre fille! en a-t-elle souffert pour moi...

LA MÈRE-GRAND.

Et elle a refusé d'épouser le gouverneur, qui est amoureux d'elle et qui veut l'enlever.

JONAS.

Où est Gianetta... que je la revoie, que je me jette à
ses pieds.

LA MÈRE-GRAND.

Elle vient de sortir.

JONAS.

Je cours la chercher...

LA MÈRE-GRAND.

A peine arrivé... tu repars déjà... tu quittes ta mère-
grand, que ton absence a manqué faire mourir de chagrin, et à laquelle, ingrat, tu n'as peut-être pas pensé une
seule fois.

JONAS.

Si on peut dire une chose pareille!.. Voyez, ma mère-
grand, combien vous êtes injuste.., Regardez cette fiole
que j'ai rapportée de mes voyages exprès pour vous...
c'est de l'eau de Jouvence.

LA MÈRE-GRAND.

Jouvence! qu'est-ce que c'est que cela? quelque
drogue...

JONAS.

Buvez toujours; vous m'en direz des nouvelles.

LA MÈRE-GRAND.

Puisque tu le veux, à ta santé.

JONAS.

Non, c'est à la vôtre.

LA MÈRE-GRAND, *qui était courbée, après en avoir bu une gorgée se lève droite.*

Eh mais! cette liqueur m'a toute ragaillardie... il me semble qu'on vient de m'ôter vingt bonnes années.

(*Elle avale le reste. Sa coiffe, son bonnet et sa perruque grise disparaissent, et on voit la figure d'une jeune fille qui se trouve sur-le-champ habillée très légèrement.*)

JONAS, *voyant qu'elle boit encore.*

Arrêtez!.. arrêtez'!.. c'est trop... Diable! comme vous haussez le coude; là, si vous en aviez avalé une gorgée de plus, j'étais obligé de vous remettre en nourrice.

LA MÈRE-GRAND.

AIR : *Point de chagrin qui ne soit oublié* (de *la Vieille*).

PREMIER COUPLET.

Quelle étrange métamorphose!
Je ne sens plus le poids des ans;
Je vois tout en couleur de rose;
Tout m'offre l'aspect du printemps.
Vous qui fuyez sur des ailes rapides,
Vous qu'effrayaient ma vieillesse et mes rides,
Gaîté, plaisirs, amours, rêves charmans,
Revenez, je n'ai que quinze ans.

Je puis sauter... je puis courir... (*regardant sa béquille et la jetant.*) Qu'est-ce que c'est que ça? je n'en ai plus besoin.

DEUXIÈME COUPLET.

Me revoilà jeune et gentille;
Et si je faisais des faux pas,
Maintenant, ma pauvre béquille,
Tu ne m'en garantirais pas.
Un sang nouveau dans mes veines s'agite.
Je sens mon cœur ,..

(*Prenant la main de Jonas.*)

Vois donc comme il bat vite,
Ta, ta, ta, ta, ta, ta.
Gaîté, folie, amour, jeunes amans,
Revenez, je n'a' que quinze ans.

JONAS.

Ma pauvre mère-grand! ça lui paraît-il étonnant d'être comme ça remise à neuf!

LA MÈRE-GRAND, *regardant ses habits.*

Ah! la jolie robe! comme elle me va bien! Mais il m'en faudra d'autres... n'est-il pas vrai, Jonas, mon ami... et un collier, des boucles d'oreilles, c'est nécessaire. (*sautant de joie.*)

Air : *Sans mentir.*

Que je dois être jolie!
Quel succès je vais avoir!

JONAS.

Déjà la coquetterie?

LA MÈRE-GRAND.

Donne-moi donc mon miroir.

JONAS.

Vous qui prêchez la sagesse,
Vous qui trouvez, vieilles gens,
Tant de torts à la jeunesse,
Eh! revenez à quinze ans,
Ah! l'instant (*bis.*)
Vous en ferez tous autant.

LA MÈRE-GRAND.

Et dire qu'il n'y a personne ici.... que personne ne peut me voir!.. Où est donc ce petit Frétino, notre voisin, qui avait toujours avec moi un air si aimable?

JONAS.

Dieu! qu'est-ce que j'ai fait là!... Je vous déclare, ma mère-grand, qu'il ne faut plus penser à Frétino, qui est.. (*à part.*) Il doit être loin s'il monte toujours... Et j'entends qu'il n'en soit plus question.... qu'il ne mette plus le pied ici.

FRÉTINO, *frappant en dehors.*

Mère Jonas! ouvrez-moi!...

LA MÈRE-GRAND.

C'est lui-même que j'entends!

JONAS.

Dieu! qu'est-ce que j'ai dit là!

LA MÈRE-GRAND.

Et à coup sûr, ce pauvre Frétino, n'est pas fait pour
at tendre.

JONAS.

Au contraire, n'ouvrez pas...... Je ne veux pas qu'il
entre....

(*La porte s'ouvre d'elle-même, et Frétino paraît.*)

SCENE VI.

LES PRÉCÉDENS, FRÉTINO.

FRETINO.

Mère Jonas !..... mère Jonas !..... Dieu! encore un
miracle !..... La dame du palais de cristal avait bien
raison... c'est ici que je devais trouver celle que j'aime.

LA MÈRE-GRAND, *jouant l'embarras.*

Que dit-il ?

FRETINO.

L'original de ce portrait......

LA MÈRE-GRAND, *minaudant.*

Le mien.... Comment? monsieur Frétino....

JONAS.

Qu'est-ce que c'est ? je crois qu'elle lui fait des mines;
je n'entends pas ça, et je vous prie, ma mère-grand,
d'avoir plus de tenue avec les jeunes gens.

FRÉTINO.

Sa mère-grand ! Quoi! j'aurais l'honneur de parler à
madame votre mère ?

LE CHOEUR.

Eh! oui.... c'est cette eau de Jouvence que j'ai ap-
portée qui est cause de tout.....

FRETINO.

Ça ne me surprend pas.... c'est comme ma casquette,
il faut que je sois né coiffé....

JONAS.

Coiffé!.... Pas tant que vous croyez; car je ne souffri-
rai pas que vous deveniez mon grand-père...

LA MÈRE-GRAND.

Et de quoi vous mêlez-vous?... Quel droit avez-vous

de vous opposer à mes inclinations?.... Qu'on parle encore de la tyrannie des grands parens....... moi qui me vois sacrifiée par mon petit-fils !

JONAS.

Les voilà aussi les folies de jeunesse..... Elle va m'envoyer des sommations respectueuses..... Apprenez, ma mère-grand, que je ne suis pas un petit-fils barbare et tyrannique..... J'ai dit, et je crois savoir ce que je dis, que je ne consentirai à cette union que quand j'aurai épousé Gianetta.

FRETINO.

Si ce n'est qu'à cette condition-là , c'est fait de nous, car on dit qu'elle a été enlevée par ordre du gouverneur.

TOUS.

Enlevée !

FRETINO.

Et je viens de le voir qui l'emmenait pour l'épouser.

JONAS.

L'épouser !

VIR : *Que d'établissement nouveaux.*

S'il doit devenir son époux
J'en mourrai, c'est fait de ma vie !

LA MÈRE-GRAND.

Quels sont donc ces transports jaloux?
Quelle est, monsieur, cette folie ?

JONAS.

L'ai-je bien entendu... Comment,
C'est vous qui blâmez la tendresse!...
Ah! ma mèr'-grand , j'crois qu'il vous r'prend
Du retour de vieillesse.

FRETINO.

Pourquoi vous désespérer ?..... N'avez-vous pas votre anneau ?

JONAS , *vivement.*

Il a raison.... mon anneau que j'oubliais.... Je ne veux pas que le gouverneur... (*s'arrêtant.*) Ah! mon dieu! qu'est-ce que j'allais dire !... avec ce talisman-là il faut toujours penser avant de parler, et quand on n'en a pas l'habitude......

LA MÈRE-GRAND.

Pourquoi donc ?

JONAS.

Pourquoi ! pourquoi ! parce que c'est toujours un tas d'embarras pour s'en servir ; dans ce moment, par exemple, si je disais seulement : je ne veux pas que le gouverneur baise la main de Gianetta.... *(se frottant le front.)* Ah ! mon dieu ! c'est déjà fait.....il l'a embrassée, j'en suis sûr... Ch'en de talisman ! va-t-en au diable... je ne veux plus de bonheur, plus de statue, plus de fortune...

(Le fond du théâtre s'ouvre et laisse voir un palais magnifique : on aperçoit de chaque côté, sur leurs piédestaux, deux statues resplendissantes de pierreries. Sur le piédestal du milieu, une femme voilée.)

CHOEUR.

AIR : *Honneur ! honneur et gloire !* (de la *Muette*).

Ici quelles merveilles
Brillent de toutes parts !
Des richesses pareilles
N'ont jamais frappé nos regards.

JONAS.

J'ose à peine en croire ma vue ;
D'espoir mon cœur a tressailli.

GIANETTA, *levant son voile.*

C'est Gianetta qui t'est rendue.

LA MÈRE-GRAND.

Et tu vois l'oracle accompli.

ENSEMBLE.

Ici quelles merveilles, etc.

LA MÈRE-GRAND, *prenant par la main Gianetta, qu'elle amène au bord du théâtre.*

AIR : de *Turenne.*

Ton père, que mon cœur honore,
Voulait, pour son unique enfant,
Un bien plus précieux encore
Que l'or et que le diamant ;
Tu le possèdes maintenant.
Femme belle, aimable et sincère,
Qui joint les vertus aux appas,
Est plus précieuse ici-bas
Que tous les trésors de la terre.

JONAS.

O mon anneau ! ô mon cher talisman ! moi qui te maudissais tout à l'heure ; je te garderai toujours ; je ne veux plus que tu me quittes... Là ! le voilà qui s'envole !

(L'anneau sort de son doigt et on le voit s'envoler autour d'une flamme bleuâtre.)

GIANETTA.

Laissez-le partir, maintenant; vous n'en avez plus besoin.

LA MÈRE-GRAND.

Et peut-être en ménage t'aurait-il porté malheur.

JONAS.

C'est vrai.... quand j'aurais dit : je le veux, j'aurais été sûr que chez moi on aurait fait le contraire.

LA MÈRE-GRAND.

Tu as là ta femme.... ça te suffit, et puisque te voila marié....

FRETINO.

D'après votre promesse.....

JONAS.

Je ne demanderais pas mieux...mais ce qui me chiffonne toujours, c'est que tu deviennes mon grand-père.

FRETINO.

Bah!.. à beau mentir qui vient de loin; vous me ferez passer pour un prince russe que vous avez rencontré en voyage.

JONAS

A cette condition je donne mon consentement.

LA MÈRE-GRAND.

Et moi, mes enfans, je vous donne ma bénédiction.

CHOEUR GÉNÉRAL.

Ici quelles merveilles
Brillent de toutes parts!
Des richesses pareilles
N'ont jamais frappé nos regards.

FIN DU TROISIÈME ET DERNIER ACTE.

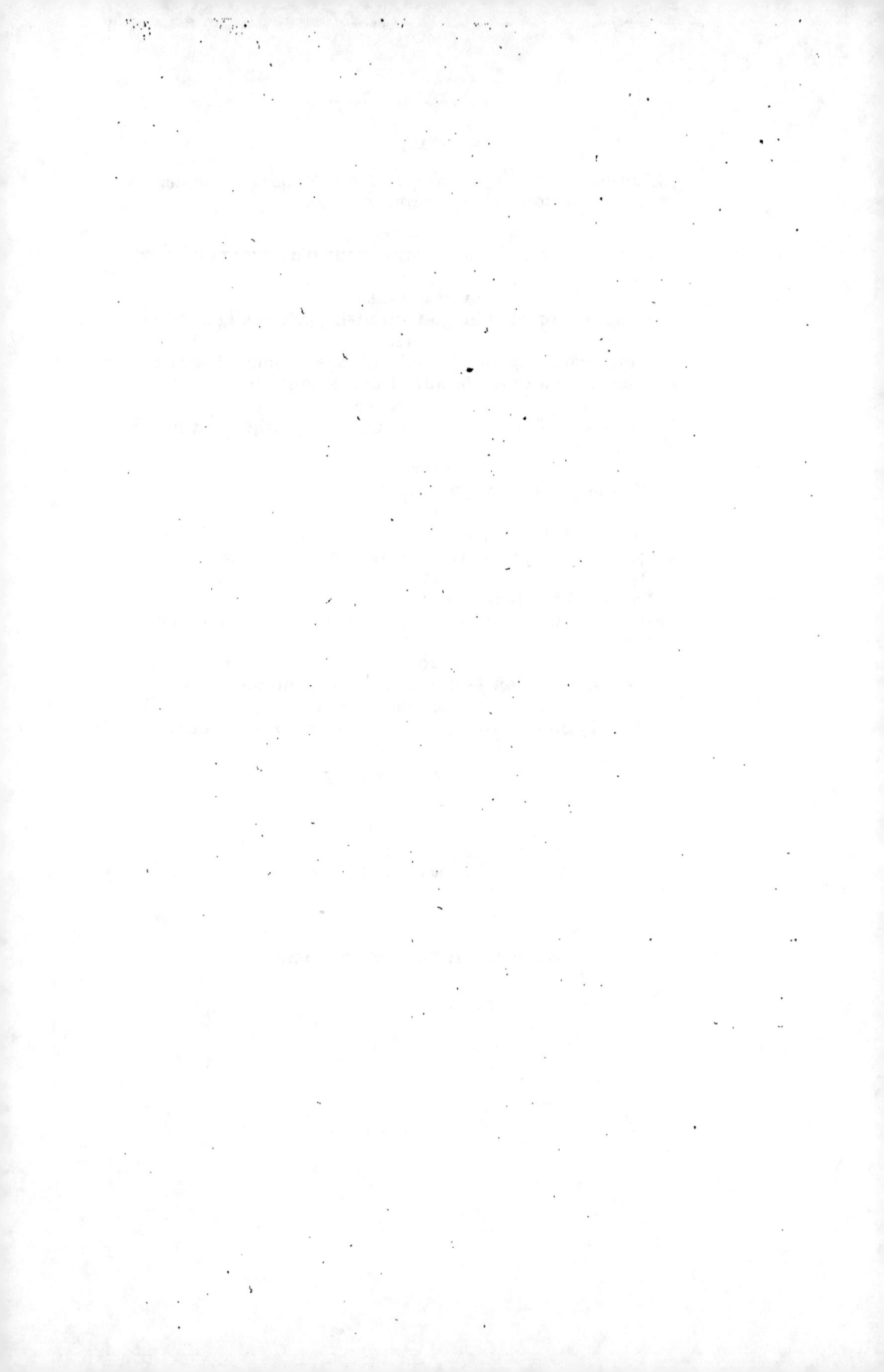

www.ingramcontent.com/pod-product-compliance
Lightning Source LLC
LaVergne TN
LVHW022116080426
835511LV00007B/853